PARA ENTENDER
A CRISE URBANA

ERMINIA MARICATO

PARA ENTENDER A CRISE URBANA

1ª edição

EDITORA
EXPRESSÃO POPULAR

São Paulo • 2015

Copyright 2015 © Editora Expressão Popular

Revisão: *Miguel Makoto Cavalcanti Yoshida*
Edição: *Rafael Borges Pereira*
Fotos: p. 7: *Mídia Ninja*, p. 15: *Marcelo Camargo/ABr*,
p. 55: *Henrique Yasuda*, p. 65: *Eduardo Jorge Canella*, p. 101: *Felipe Canova*
Foto da capa: *Mídia Ninja*
Projeto gráfico, capa e diagramação: *ZAP Design*
Impressão e acabamento: *Paym*

Dados Internacionais de Catalogação-na-Publicação (CIP)

M333p Maricato, Ermínia
    Para entender a crise urbana. / Ermínia Maricato.—
    1.ed.—São Paulo : Expressão Popular, 2015.
    112 p. : il.

    Indexado em GeoDados - http://www.geodados.uem.br.
    ISBN 978-85-7743-258-5

    1. Crise urbana. 2. Lutas de classe - Brasil. 3. Questão urbana – Brasil. 4. Movimentos sociais – Brasil. I. Título.

                                                    CDU 316.42
    Catalogação na Publicação: Eliane M. S. Jovanovich CRB 9/1250

Todos os direitos reservados.
Nenhuma parte deste livro pode ser utilizada
ou reproduzida sem a autorização da editora.

1ª edição: maio de 2015
7ª reimpressão: fevereiro de 2025

EDITORA EXPRESSÃO POPULAR
Alameda Nothmann, 806, Campos Elíseos
CEP 01216-001 – São Paulo – SP
atendimento@expressaopopular.com.br
www.expressaopopular.com.br
❋ ed.expressaopopular
⊚ editoraexpressaopopular

SUMÁRIO

APRESENTAÇÃO 9
CIDADES E LUTA DE CLASSES NO BRASIL 17
Introdução 17
Cidade e conflitos: a abordagem marxista 22
Cidade na periferia do capitalismo: a
urbanização dos baixos salários 26
Nas décadas perdidas: luta social pela
cidade democrática 30
Cidades na conjuntura atual: a retomada do investimento
público e a surpreendente subordinação do espaço
urbano ao capital 35
O império do automóvel. Transporte coletivo em ruínas ... 42
Quando novíssimos personagens entram em cena 47
TERROR IMOBILIÁRIO OU A EXPULSÃO DOS
POBRES DO CENTRO DE SÃO PAULO 57
GLOBALIZAÇÃO E POLÍTICA URBANA NA
PERIFERIA DO CAPITALISMO 67
Globalização e poder 69
O impacto da globalização nos países periféricos 74
O legado do patrimonialismo 77
Os paradoxos das cidades periféricas 80
Planejamento urbano e globalização 86
Do "Consenso de Washington" ao "Plano Estratégico". ... 88
Que fazer? 91
MOVIMENTOS E QUESTÃO URBANA NO BRASIL ... 103

Manifestação em Belo Horizonte (MG)

APRESENTAÇÃO

Em qualquer país do mundo onde haja uma comunidade com consciência social, é frequente o MST ser reverenciado como o movimento social mais importante do planeta. A persistência na luta pela Reforma Agrária e a consciência de que apenas a luta pode levar a ela; a recusa em fazer acordos que implicam a apropriação de cargos públicos; a generosidade que resultou na entrega de tantas vidas para ver a utopia social realizada; a sensibilidade que o levou a incluir na agenda o alimento saudável, em oposição aos agrotóxicos produzidos pelas poderosas corporações transnacionais; o respeito à natureza e em especial à terra, que o levou a endossar a proposta de agroecologia; a radical relação entre prática e formação teórica, que levou o movimento a fazer convênios com 60 universidades brasileiras, além de fundar a Escola Nacional Florestan Fernandes (ENFF); enfim, não faltam motivos para justificar a admiração que o MST desperta internacionalmente.

Por esse motivo, não vacilei quando a Editora Expressão Popular me convidou para lançarmos um livro sobre a questão urbana no Brasil. Não se pedia nada inédito, mas algo que buscasse preencher, na editora, uma lacuna com um tema tão importante. Demorei um ano para atender à minha promessa e entregar este pequeno trabalho. De um lado ocuparam-me os muitos compromissos derivados dos desdobramentos das manifestações de junho de 2013, que se estenderam por todo o ano de 2014. De outro, eu me detive em refletir o que iria propor para leitura e debate desses militantes, cujo tempo é tão precioso e cuja tarefa é tão extensa. Meu senso prático exigia que eu fosse bem objetiva, direta e, acima de tudo, pedagógica, sem perder a dimensão teórica. Infelizmente não tenho o dom da psicografia, pois se tivesse poderia pedir a ajuda de Paulo Freire, nosso educador maior. Talvez o próprio João Pedro Stedile – uma das grandes lideranças brasileiras, ainda viva, felizmente – pudesse me ajudar se não fosse tão ocupado com tarefas mais importantes. Mas solitária, após um certo tempo, percebi que teria de dar conta do recado com minhas parcas ferramentas. Essa tarefa me obrigou a um esforço de memória para relembrar os muitos anos que passei nas periferias da metrópole paulistana, como ativista de movimentos sociais, nos anos 1970 e começo dos anos 1980. A luta pela Reforma Urbana hoje ainda implica, como então, erradicar o analfabetismo urbanístico.

Selecionei 3 textos e uma entrevista. Um deles é curto e tem formato jornalístico. Os outros dois são um pouco mais desenvolvidos e, embora tratem de fatos da conjuntura e da história urbana recente, apoiam-se em bibliografia, além de manter forte apoio também na vivência empírica. Estes pretendem explicar o aprofundamento da crise, tirando partido de trabalhos teóricos sobre a questão urbana.

Finalmente, uma entrevista dada à *Revista Alai – América Latina*, na cidade de Quito, sobre a condição urbana e os movimentos sociais recentes no Brasil fecham o livro.

O primeiro artigo, "Cidades e luta de classes no Brasil", está organizado em três tempos: a) apresenta uma síntese dos conceitos básicos analíticos da cidade capitalista, vista como mercadoria e como produto social; b) trata da especificidade da cidade no capitalismo periférico, ainda que num país considerado "emergente" como o Brasil; c) para, em seguida, remeter à história recente da política urbana no Brasil, que tem início com o fim do período ditatorial (1964-1985). O relato e análise mostram que essa história não é banal. Ela foi marcada pela constituição de um forte movimento social nacional denominado Reforma Urbana; conquistou um novo aparato legal e institucional federal ligado às cidades; e incluiu exemplos de governos locais inovadores, que ficaram conhecidos no mundo todo. É o caso do "orçamento participativo", festejado internacionalmente.

O declínio dessa política urbana no Brasil ainda requer maior desenvolvimento analítico, mas sem dúvida está relacionado ao seguinte paradoxo: as práticas exemplares de governos locais "democráticos e populares" desenvolveram-se durante o período das décadas perdidas, isto é, durante os anos de ajuste fiscal e recuo dos investimentos em políticas públicas – 1980 e 1990. Com a volta dos investimentos federais em políticas urbanas – Programa de Aceleração do Crescimento (PAC), Minha Casa, Minha Vida (MCMV) –, alguns capitais (ligados ao ambiente construído) tomam o comando das cidades, concomitantemente ao enfraquecimento dos movimentos que criaram a agenda da Reforma Urbana.

O texto atual deste primeiro artigo é uma versão resultante de vários trabalhos publicados em diversos livros e revistas. Podemos dizer que sua gênese está no livro de minha autoria *O impasse da política urbana no Brasil*, cuja primeira edição é de 2011. A política urbana parecia ter desaparecido da agenda política nacional. Quando estava presente, ela se restringia ao investimento em obras que, frequentemente, contrariavam o desenvolvimento urbano socialmente justo e ambientalmente equilibrado. Novas manifestações da crise urbana que se aprofundava inspiraram novas redações sobre o "impasse", e a mais recente delas se deu por emergência das Jornadas de Junho de 2013, quando novíssimos personagens entraram em cena, para fazer referência ao livro de Eder Sader, *Quando novos personagens entraram em cena*, lançado em 1988. Com novas formas de ação, se compararmos com os movimentos sociais urbanos descritos por Eder Sader, os novíssimos personagens trazem a questão urbana de volta à agenda política nacional, a partir da difícil, cara e irracional (social, econômica e ambientalmente) mobilidade (ou imobilidade) urbana vigente.

O segundo texto, de formato jornalístico, foi escrito sob o calor dos acontecimentos e publicado no boletim eletrônico *Carta Maior* em 25 de janeiro de 2012. Trata da luta dos movimentos sociais pela moradia no centro de São Paulo: "Terror imobiliário ou a expulsão dos pobres do centro de São Paulo". A reforma do financiamento imobiliário, que tem início na década de 1990, logrou, finalmente, aquecer o mercado imobiliário com o Programa Minha Casa Minha Vida, lançado em 2009. Passamos a constatar eventos como despejos violentos e incêndios em favelas, impensáveis uma década e meia atrás, quando os movimentos ligados à Reforma Urbana ainda representavam uma força social significativa e as cidades viviam um período de "vacas magras" em relação ao investimento federal em políticas sociais. Capital imobiliário e movimentos de moradia aliados a pequenos comerciantes disputam o centro antigo da cidade, um patrimônio construído de importância incomensurável – do ponto de vista do valor de uso –, mas marcado pela ideologia da "deterioração" que exige "reforma". O Estado, representado pelo governador Geraldo Alckmin e pelos prefeitos José Serra e Gilberto Kassab não deixaram a menor dúvida sobre o lado que apoiaram nas políticas para o centro da cidade, muito cobiçado pelo capital imobiliário.

Para completar os instrumentos analíticos necessários para entender a tragédia urbana entre nós, o terceiro texto versa sobre um pano de fundo que marcou a segunda metade do século XX e está mais presente do que nunca no século XXI: *Globalização e política urbana na periferia do capitalismo*. A queda do *Welfare State* e ascensão do neoliberalismo tiveram consequências muito conhecidas: desregulamentações, privatizações, precariedade nas relações de trabalho, ampliação da concentração de capitais, ampliação dos mercados, ampliação da desigualdade, hegemonia do capital financeiro, enfraquecimento dos sindicatos e partidos de esquerda, mudança na geopolítica mundial, entre outras. As cidades na globalização também se tornaram objetos de estudos específicos, já que a reestruturação produtiva tem forte impacto sobre o território, e os ajustes impostos pelo ideário neoliberal enfraqueceram os investimentos em políticas sociais; entre elas figuram as políticas urbanas estruturadoras como: transporte, habitação e saneamento. Também nesse texto, a análise se ocupa da especificidade do urbano no capitalismo periférico.

A entrevista dada à *Revista Alai – América Latina*, "Movimentos e questão urbana no Brasil", trata das chamadas "jornadas de junho de 2013". As massivas manifestações urbanas surpreenderam especialmente em função do prestígio dos governos petistas no exterior. Nessa entrevista, defendo a opinião de que as condições urbanas de vida constituíram uma causa muito importante para os acontecimentos, pois distribuição de renda não resolve problemas urbanos como habitação ou transporte coletivo. As referências aos novíssimos personagens têm sido acompanhadas, nos meus textos e falas, por um certo otimismo, como mostra a entrevista. A participação em encontros com jovens dos movimentos emergentes, além dos tradicionais MST e Via Campesina, alimentam a esperança da renovação das forças de esquerda que foram engolidas pelo espaço institucional. Mas a formação desses jovens exige tempo de maturação e a conjuntura brasileira, alimentada pela crise econômica internacional, se acirra no momento em que escrevemos essas linhas. A elite brasileira, mais do que nunca representada pela grande mídia, luta pelo *impeachment* da presidente Dilma, em que pese as concessões dadas a ela, por meio de representantes das forças conservadoras que compõem seu governo.

    O presente é desafiador e, dada a dificuldade de escrever sobre as perspectivas, vamos finalizar essa apresentação com uma frase de Luiz Gonzaga Belluzzo, que relembra Marx:
    "Este é o alto preço que o presente agrilhoado ao passado cobra do futuro"[*].

Erminia Maricato
São Paulo, 9 de março de 2015

---

[*] BELLUZZO, L. G. "A Constituinte e os donos do Brasil". *Valor Econômico*. São Paulo, 03 out. 2013.

Manifestação na Avenida Paulista (SP)

CIDADES E LUTA DE CLASSES NO BRASIL*
O urbano da conjuntura do início do século XXI

> Com muita frequência, (...) o estudo da urbanização se separa do estudo da mudança social e do desenvolvimento econômico, como se o estudo da urbanização pudesse, de algum modo, ser considerado um assunto secundário ou produto secundário passivo em relação às mudanças sociais mais importantes e fundamentais.
> *Harvey*, 2005, p. 166

Introdução

Nunca é demais lembrar, como já fizeram numerosos autores, que a existência das cidades precede o capitalismo. No entanto, com ele as cidades mudam. E mudam a tal ponto que é impossível pensá-lo sem elas. Especificidades no processo de urbanização acompanham as diferentes fases do capitalismo colonial-industrial ou global financeiro nos países centrais ou periféricos. Em algum momento da primeira década do século XXI o mundo passou a ser predominantemente urbano e essa crescente concentração de população nas cidades traz novas características para as sociedades e para a humanidade. Um

---

* Este texto resultou da edição de vários trabalhos publicados, mas especialmente do artigo de mesmo nome que integra a coletânea organizada pelas Fundação Perseu Abramo e Fundação Friedrich Ebert (orgs.). *Classes? Que classes?* São Paulo: Editora da Fundação Perseu Abramo, 2013.

bom exemplo está na concentração de pobreza em números inéditos (Davis, 2006).

Desde o período da revolução industrial, quando os efeitos de aglomeração nas cidades ofereceram condições indispensáveis para o processo de acumulação de base fabril até as chamadas "cidades globais", que concentram poder internacional, o espaço urbano e, mais recentemente, metropolitano e regional, constitui força produtiva fundamental, além de participar do processo de dominação hegemônica.

Os capitais, em cada momento histórico, buscam moldar as cidades aos seus interesses, ou melhor, aos interesses de um conjunto articulado de diferentes forças que podem compor uma aliança. Mas esse modelo de paisagem, ou ambiente construído, não resulta sem contradições (Harvey, 1982). O que pode ser interessante aos promotores imobiliários e proprietários de terra também pode contrariar os interesses dos capitais industriais, apenas para lembrar um exemplo importante que marcou a história das cidades nos países centrais do capitalismo. O acirramento da luta social por melhores salários, ou melhores condições de trabalho, ou ainda melhores condições de vida (moradia, saúde, transporte etc.), aprofundam essas contradições[*]. Um aumento salarial pode ser engolido pelo aumento da tarifa de transportes ou do preço dos aluguéis das moradias. Durante os anos do *Welfare State* (Estado providência) os trabalhadores conquistaram (como resultado de um processo de lutas) a produção em massa de moradias. Essa política determinou os capitais que iriam perder espaço na disputa pelos lucros, juros e rendas já que havia necessidade de alojar os trabalhadores, diminuir o preço

---

[*] Essas ideias aqui desenvolvidas esquematicamente foram inspiradas em Ball, 1981.

da força de trabalho e diminuir o preço da moradia. Os capitais rentistas – fundiários e imobiliários – foram subordinados ou regulados diante dos interesses do capital industrial. E dentre os capitais que participam da produção do espaço (nos quais Harvey inclui a propriedade da terra) os capitais especulativos perderam espaço para o capital produtivo*.

A cidade pode ser objeto de diversas abordagens: pode ser lida como um discurso (como querem os semiólogos e semióticos); pode ser abordada pela estética – ambiente de alienação e dominação por meio da arquitetura e urbanismo do espetáculo; como manifestação de práticas culturais e artísticas mercadológicas ou rebeldes; como legado histórico; como palco de conflitos sociais; como espaço de reprodução do capital e da força de trabalho, entre outras. Essas diferentes ou dispersas formas de ver as cidades certamente tornam mais difícil situá-las como um objeto central estruturador das relações sociais. A mídia do *mainstream* trata de cidades o tempo todo, entretanto raramente a toma como um produto, ou mercadoria que intermedia os conflitos entre as classes sociais. Afinal, o capital imobiliário é um grande anunciante, patrocinador da grande mídia.

No entanto, isso não é suficiente para explicar porque a política urbana está tão ausente dos debates da esquerda e das propostas de políticas públicas, em especial, políticas nacionais de desenvolvimento econômico e social, nas últimas décadas do século XX e primeira do XXI. De fato, essa invisibilidade é maior a partir da globalização** neoliberal (após a década de

---

* *Ibid.*, p. 145-176.
** Iremos utilizar o conceito de globalização para referirmo-nos ao conjunto das mudanças (incluindo a ideologia, a cultura e a política) ocorridas no mundo, a partir do que Harvey chama de reestruturação produtiva do capitalismo, que tem início nos anos 1970.

1970, nos países centrais), quando se enfraquece o poder dos sindicatos e partidos de esquerda, e o capital financeiro se torna hegemônico. Mas, nos países capitalistas periféricos, sobretudo, essa invisibilidade é histórica. Já mostramos em diversos trabalhos que, nesses países, a habitação dos trabalhadores não é problema para o capital e, na maior parte das vezes, nem para o Estado. Por isso, os bairros de moradia dos trabalhadores são construídos por eles mesmos, nos seus horários de descanso. E também por isso, as favelas fazem parte da reprodução da força de trabalho formal. Foi assim durante o processo de industrialização por substituição de importações e é assim atualmente, nas cidades conhecidas como globais. As favelas integram as cidades de países como o Brasil[*].

A incrível ausência do estudo da questão urbana nos cursos acadêmicos de economia, sociologia, engenharia e direito, além do desconhecimento dos setores de esquerda, nos remetem às muitas considerações feitas por intérpretes da "formação nacional", para adotar a expressão de Plinio Sampaio Jr. (Sampaio Jr., 1999) sobre a alienação do intelectual brasileiro em relação à realidade do país (Fernandes, 1977; Viotti da Costa, 1999; Schwarz, 1973; Furtado, 2008). É inconcebível que o BNDES (Banco Nacional de Desenvolvimento Econômico e Social), um dos maiores fomentadores de desenvolvimento econômico e social na América Latina, em um governo de centro-esquerda, ignore o impacto de seus investimentos nas cidades ou regiões, mas é o que acontece[**]. Esse conceito de "desenvolvimento" parece não passar pelo

---

[*] Temos desenvolvido esse conceito – as favelas ou moradias ilegais, de um modo geral, são parte estrutural de nossas cidades, não constituem exceção, mas regra. Ver em especial Maricato, 1996.
[**] Conforme relato de Tania Bacelar à autora em 2012.

ambiente construído e, o que é mais impressionante, nem pela questão fundiária. Além da alienação decorrente da condição de dependência cultural, a máquina ideológica midiática também ocupa a função de um entorpecente das massas de baixa escolaridade. Daí usarmos frequentemente a expressão analfabetismo urbanístico ou geográfico para expressar essa ignorância predominante sobre a realidade e, em especial, a realidade do ambiente construído (Maricato, 2002).

A produção do ambiente construído nos países capitalistas foi objeto prestigiado de estudos e pesquisas durante a década de 1970, após as revoltas estudantis do final dos anos de 1960. Merece destaque o esforço da chamada Escola Francesa de Urbanismo integrada por marxistas que tratavam de desenvolver e explicar a produção do espaço urbano e os conflitos entre capitais e trabalho. Os estudos se detiveram em mostrar que a produção do espaço urbano ou, de um modo geral, do ambiente construído envolvia alguns tipos específicos de capitais. Os confrontos não se dão apenas no chão da fábrica, como pretendia a herança histórica do movimento operário. A perda de prestígio da função social das cidades, no capitalismo central, coincide com a ascensão das ideias neoliberais e concomitante perda de espaço do *Welfare State*, acompanhando o enfraquecimento dos sindicatos de trabalhadores e perda de espaço das forças de esquerda.

O presente texto vai tratar rapidamente: 1) da abordagem marxista sobre o tema da cidade; 2) da cidade no capitalismo periférico; e 3) a cidade na conjuntura brasileira.

Portanto, vamos evitar um extenso e abstrato texto acadêmico e buscar, dentre os marxistas que estudaram a questão urbana, algumas formulações que poderão ajudar a reconhecer o que parece óbvio, mas não é tomado como tal.

Cidade e conflitos: a abordagem marxista

A cidade é o lugar por excelência de reprodução da força de trabalho. Não há como não entender essa formulação. O mundo está se urbanizando crescentemente e, nas cidades, a moradia, a energia, a água, o transporte, o abastecimento, a educação, a saúde, o lazer não têm solução individual. Cada vez mais a reprodução da população que compõe a força de trabalho, em sua maioria, se faz de modo coletivo ou "ampliado", dependente do Estado, como desenvolveu Castells no clássico livro *La question urbaine*, de 1972. Transporte coletivo, infraestrutura e equipamentos sociais são necessidades que, apesar do fim do *Welfare State* ou apesar da tendência à privatização dos serviços públicos após a década de 1980, ainda permanecem como questões cruciais da luta social nos países periféricos ou centrais da atualidade. Diferentemente da chamada reprodução simples da força de trabalho, a reprodução ampliada não depende apenas do salário – ou, em termos mais precisos, da taxa de salário –, mas também das políticas públicas, parte das quais são especificamente urbanas, como se estas constituíssem um salário indireto. Um aumento de salário pode ser absorvido pelo alto custo do transporte ou da moradia, por exemplo.

Como já foi mencionado, o capital em geral busca moldar o ambiente urbano às suas necessidades, mas interessa destacar aqui um conjunto dos capitais que tem interesse específico na produção do espaço urbano, por meio do qual se reproduzem obtendo lucros, juros ou rendas.

Faz parte desse grupo específico os seguintes capitais: 1) incorporação imobiliária (um tipo de capital comercial inicialmente estudado por Christian Topalov em 1974); 2) capital de construção de edificações; 3) capital de construção pesada ou de infraestrutura; e 4) capital financeiro imobiliário. Harvey localiza nesse grupo também os proprietários de terra que podem constituir obstáculos ao processo de reprodução desses capitais ou se associar a eles*.

A classe trabalhadora – entendida aqui num sentido amplo, incluindo os informais e domésticos – quer da cidade, num primeiro momento, o valor de uso. Ela quer moradia e serviços públicos mais baratos e de melhor qualidade. Entenda-se: mais barato e de melhor qualidade, referenciados ao seu estágio histórico de reprodução.

Os capitais que ganham com a produção e exploração do espaço urbano agem em função do seu valor de troca. Para eles, a cidade é a mercadoria. É um produto resultante de determinadas relações de produção. Se lembramos que a terra urbana, ou um pedaço de cidade, constitui sempre uma condição de monopólio – ou seja, não há um trecho ou terreno igual a outro, e sua localização não é reproduzível – estamos diante de uma mercadoria especial que tem o atributo de captar ganhos sob a forma de renda. A cidade é um grande negócio e a renda imobiliária, seu motor central.

A renda fundiária ou imobiliária aparenta ser uma riqueza que flutua no espaço e aterrissa em determinadas propriedades, graças a atributos que podem estar até mesmo fora delas, como por exemplo um novo investimento público ou privado feito nas proximidades. A legislação e os investimentos urbanos são centrais para "gerar" essa riqueza que irá favorecer (valorizar) determinados imóveis ou bairros. Esse é um dos principais

---

* Poderíamos lembrar outros capitais envolvidos com os serviços urbanos ou que disputam os fundos públicos, como transporte coletivo e individual, iluminação pública, comunicação, limpeza, merenda escolar, atendimento à saúde etc. Mas para o que nos interessa vamos nos restringir àqueles ligados à produção do espaço físico.

motivos para as disputas sobre os fundos públicos em obras. Por exemplo: o que será construído e, especialmente, onde*. Abertura de avenidas, pontes, viadutos, parques, pode mudar o preço do metro quadrado nas suas proximidades. Por isso, os *lobbies* imobiliários atuam fortemente junto aos Executivos e Legislativos de todos os níveis de poder.

Como já apontou inicialmente Marx e desenvolveu Harvey, entre o valor de troca da cidade mercadoria e o valor de uso da cidade condição necessária de vida para a classe trabalhadora, há uma profunda oposição que gera um conflito básico (Harvey, 1982). Ao lado deste, outros conflitos (secundários?) são gerados pela forma anárquica como o ambiente construído cresce. Dependendo das circunstâncias históricas, podem ser notáveis as divergências entre: a) o capital em geral e o capital imobiliário (como o exemplo que demos no início deste texto); b) divergências internas a frações do capital imobiliário pela disputa dos ganhos; e c) divergência entre proprietários de imóveis e capital imobiliário pelo mesmo motivo**.

Podem ser notáveis ainda as divergências entre os próprios trabalhadores, especialmente entre os que são proprietários e os que não são. Todos nós já testemunhamos a oposição feita por pequenos proprietários de imóveis populares a favelas que, localizadas na vizinhança, podem causar depreciação no preço de sua propriedade. Evidentemente a capacidade de "absorção"

---

* Ver o conceito "terra-localização" desenvolvido por Flávio Villaça a partir do conceito "terra como capital" no excelente livro do autor *Reflexões sobre as cidades brasileiras*. Cf. Villaça, 2012.

** O processo de realização do capital na construção de edificações difere do processo de construção de infraestrutura (a terra não ocupa o mesmo papel). Há diferenças até mesmo no interior do processo de construção de edificações, tenham elas uso residencial, industrial, serviços etc. Como a abordagem é esquemática, não iremos entrar em detalhes aqui.

dessa riqueza que, aparentemente, paira no ar e se "cola" à propriedade imobiliária sob a forma de renda ou de sua valorização é maior por parte dos capitalistas do ramo imobiliário do que pelo trabalhador que tem uma modesta moradia. Mas ela pode chegar até mesmo nos cômodos das favelas, isto é, mesmo uma casa precária em uma favela se valoriza com as vantagens crescentes de localização e pode propiciar ao seu dono rendimentos com aluguel.

E sempre é bom lembrar, há uma parte dos trabalhadores explorados diretamente por esses capitais que ganham com a produção do espaço urbano: trata-se dos trabalhadores de construção que estão entre as categorias mais exploradas da classe trabalhadora e, segundo alguns autores, são fontes extraordinárias de extração de mais-valia (Ferro e Arantes, 2006; Maricato, 1984).

Para completar esse quadro esquemático, resta relembrar o papel, cada vez mais importante, do Estado na produção do espaço urbano. É dele o controle do fundo público para investimentos, e cabe a ele, sob a forma de poder local, a regulamentação e o controle sobre o uso e a ocupação do solo (seguindo, hipoteticamente, planos e leis aprovados nos parlamentos). É, portanto, o principal intermediador na distribuição de lucros, juros, rendas e salários (direto e indireto), entre outros papéis. Há, portanto, uma luta surda pela apropriação dos fundos públicos, que é central para a reprodução da força de trabalho ou para a reprodução do capital. Podemos citar como exemplo importante a disputa entre investimentos para a circulação de automóveis ou investimentos para o transporte coletivo.

As megaobras sempre, na história das cidades, tiveram um papel especial na afirmação do poder religioso ou simplesmente político, mas a associação entre a arquitetura e o urbanismo dos grandes eventos, os processos imobiliários agressivos e a gentrificação, parece ter se tornado parte essencial das cidades após a reestruturação capitalista ocorrida no fim do século XX (Arantes, 2000 e Vainer, 2000).

Cidade na periferia do capitalismo: a urbanização dos baixos salários

Desigual e combinado, ruptura e continuidade, modernização do atraso, modernização conservadora, capitalismo travado, são algumas das definições que explicam o paradoxo evidenciado por um processo que se moderniza alimentando-se de formas atrasadas e, frequentemente, não capitalistas, *strictu senso*. As cidades são evidências notáveis dessa formulação teórica, e, nelas, o melhor exemplo talvez seja a construção da moradia (e parte das cidades) pelos próprios moradores (trabalhadores de baixa renda). Essa construção se dá aos poucos, durante seus horários de folga, ao longo de muitos anos, ignorando toda e qualquer legislação urbanística, em áreas ocupadas informalmente.

Francisco de Oliveira forneceu a chave explicativa para a gigantesca prática da autoconstrução da moradia ilegal (uma espécie de produção doméstica) pelos trabalhadores ou pela população mais pobre de um modo geral. Ela está no rebaixamento do custo da força de trabalho, que ocupa seus fins de semana (horários de descanso) na construção da casa (Oliveira, 1972). Vamos nos concentrar no caso do Brasil para acompanhar as especificidades desse processo.

Essa prática (da autoconstrução das casas) contribuiu para a acumulação capitalista durante todo período de industrialização no Brasil, particularmente de 1940 a 1980, quando o país cresceu a taxas aproximadas de 7% ao ano, e o processo de urbanização cresceu 5,5% ao ano (IBGE). À industrialização com baixos salários correspondeu a urbanização com baixos salários. (Maricato, 1976, 1979, 1996). O exemplo revela que uma certa modernização e um certo desenvolvimento (industrialização de capital intensivo, produção de bens duráveis) dependeram de um modo pré-moderno, ou mesmo pré-capitalista (a autoconstrução da casa), de produção de uma parte da cidade. Essa imbricação foi (e ainda é) fundamental para o processo de acumulação capitalista nacional e internacional. Ela se aplicou perfeitamente à produção das cidades que receberam a indústria automobilística a partir de 1950 – Volkswagen, Chrysler, Mercedes Benz – e se aplica hoje nas cidades que são chamadas de globais.

A terra urbana (assim como a terra rural) ocupa um lugar central nessa sociedade. O poder social, econômico e político sempre esteve associado à detenção de patrimônio, seja sob a forma de escravos (até 1850), seja sob a forma de terras ou imóveis (de 1850 em diante). Essa marca – patrimonialismo – se refere também à privatização do aparelho de Estado, tratado como coisa pessoal. O patrimonialismo está ligado à desigualdade social histórica, notável e persistente, que marca cada poro da vida no Brasil. E essas características, por outro lado, estão ligadas ao processo de exportação da riqueza excedente para os países centrais do capitalismo. Celso Furtado mencionou várias vezes em seus trabalhos o convívio da exportação da riqueza excedente com uma estreita elite nacional consumidora de produtos de luxo. Esse quadro forneceria as características de um mercado, por assim dizer, travado (Furtado, 2008).

Recente relatório da ONU-Habitat "Estado de las Ciudades de América Latina y el Caribe 2012" mostra que o Brasil, a sexta economia do mundo, mantém uma das piores distribuições de renda no continente, mesmo após os avanços nesse sentido verificados nos governos do presidente Lula e da presidente

Dilma. São mais desiguais do que o Brasil, na América Latina, apenas Guatemala, Honduras e Colômbia. Essa marca, a da desigualdade, está presente em qualquer ângulo pelo qual se olha o país e, portanto, também nas cidades.

Evidentemente, para esse capitalismo "funcionar" como parte da divisão internacional do trabalho, os trabalhadores urbanos integrados ao processo produtivo – mas excluídos de grande parte dos benefícios que o mercado de consumo assegura e, especialmente, excluídos da cidade – são submetidos a uma poderosa máquina ideológica, quando não pode ser simplesmente repressora. Além da poderosa máquina midiática, a generalização do débito político e o favor como mediação universal são relações que explicam muito a cidade e uma *sui generis* forma de cidadania no Brasil: direitos para alguns, modernização para alguns, cidade para alguns... (Castro e Silva, 1997).

Nem todos os indicadores sociais são negativos no processo de urbanização concomitante à industrialização que se deu no decorrer do século XX, mais exatamente a partir de 1930. A mortalidade infantil, a expectativa de vida, o nível de escolaridade, o acesso à água tratada, a coleta do lixo e a taxa de fertilidade feminina apresentam uma evolução positiva a partir de 1940 até nossos dias, exatamente devido à mudança de vida com a urbanização (IBGE, 2008). No entanto, os efeitos da doutrina neoliberal que acompanhou a chamada globalização afastaram a perspectiva de crescimento, ainda que acompanhado de concentração de renda (Schwarz, 2007).

A população moradora de favelas cresceu mais do que a população total ou do que a população urbana nos últimos 30 anos, isto é, de 1980 a 2010 (IBGE).

Não cabe qualquer dúvida sobre o forte efeito negativo que a globalização, dominada pelo ideário neoliberal, impôs, com a anuência das elites nacionais, às metrópoles brasileiras nas décadas de 1980 e 1990. As principais causas dessa tendência, já tratada em vasta bibliografia, se deveram à queda brusca do crescimento econômico com aumento do desemprego e à retração do investimento público em políticas sociais. A sistematização das propostas contidas no Consenso de Washington mostra a força de tal dominação política que consegue impor a uma sociedade desigual, em parceria com as elites locais, ações que seguem um caminho contrário ao interesse e necessidades da maior parte da população (Cano, 1995; Tavares e Fiori, 1997). As três políticas públicas urbanas estruturais (ligadas à produção do ambiente construído) – transporte, habitação e saneamento – foram ignoradas ou tiveram um rumo errático, com baixo investimento, por mais de 20 anos. Os precários times de funcionários públicos existentes no Estado brasileiro e as instituições que se formaram estavam em ruínas quando investimentos foram lentamente retomados em 2003, na gestão do presidente Lula (Maricato, 2011b).

Talvez, o indicador que mais evidencia o que podemos chamar de tragédia urbana é a taxa de homicídios, que cresceu 259% no Brasil entre 1980 e 2010. Em 1980, a média de assassinatos no país era de 13,9 mortes para cada 100 mil habitantes, em 2010 passou para 49,9 (Weiselfisz, 2013).

Certamente essa ocorrência não se deveu apenas a esses fatores e nem se limita às cidades brasileiras. Não é possível abordar um assunto tão estudado em poucas palavras. Mas não há dúvida de que ela compõe o quadro de abandono do Estado provedor, ainda que tratemos do provedor na periferia capitalista, na qual a previdência não era universal, tampouco a saúde ou a habitação. O tema da violência, cujas origens estão na sociedade escravista que formalmente resistiu até 1888, se transformou numa das principais marcas das cidades brasileiras.

Nas décadas perdidas: luta social pela cidade democrática
Movendo-se contra a corrente mundial de enfraquecimento dos partidos de esquerda, do declínio do crescimento econômico e da retração do Estado provedor, o Brasil dos anos 1980 mostrava um quadro contrastante. Enquanto a economia apresentava uma queda acentuada, ao mesmo tempo que lutavam contra o governo ditatorial, movimentos sociais e operários elaboravam plataformas para mudanças políticas com propostas programáticas. Na década de 1980, foram criados novos partidos, outros partidos de esquerda saíram da clandestinidade, novas entidades operárias foram fundadas e ainda havia os movimentos sociais urbanos – uma novidade na cena política brasileira, pelo menos com a expressão que ganharam na ocasião.

Um vigoroso Movimento Social pela Reforma Urbana recuperou as propostas elaboradas na década de 1960, no contexto das lutas revolucionárias latino-americanas. Tratava-se de construir a ponte com uma agenda que a ditadura havia interrompido a partir de 1964. Na década de 1960, o Brasil tinha 44,67% da população nas cidades (censos IBGE). Em 1980, já eram 67,59%. Houve um acréscimo de cerca de 50 milhões de pessoas nas cidades, e os problemas urbanos se aprofundaram. Esse movimento reunia entidades profissionais (arquitetos e urbanistas, engenheiros, advogados, assistentes sociais), entidades sindicais (urbanitários, sanitaristas, setor de transportes), lideranças de movimentos sociais, ONGs, pesquisadores, professores, intelectuais, entre outros. Por sua influência, foram criadas comissões parlamentares e foram eleitos prefeitos, vereadores e deputados.

No que se refere ao destino das cidades, na agitada cena política estavam presentes: a) as mobilizações sociais, os sindicatos e os partidos políticos; b) a produção acadêmica que passa a desvendar a cidade real (com diagnósticos sobre as estratégias de reprodução dessa força de trabalho de baixos salários), desmontando as construções simbólicas e ideológicas dominantes sobre as cidades; e c) governos municipais inovadores que experimentaram novas agendas com programas sociais, econômica e politicamente includentes e participativos.

Durante o regime de exceção (1964-1985), os prefeitos das capitais eram indicados pelos governadores, que eram indicados pelo presidente da República, que era indicado pelas Forças Armadas e forças econômicas que lhes davam sustentação. Portanto, as experimentações de gestão local democrática se davam nos demais municípios onde havia eleição direta para prefeito. Entre os urbanistas, ganharam importância nessa fase as experiências de Diadema, município operário da Região Metropolitana de São Paulo, com suas propostas de inclusão social e urbana elaboradas por profissionais ativistas em contexto de forte luta social. Após 1985, com eleições livres para prefeito nas capitais, duas mulheres foram eleitas para o governo do município de São Paulo, com um intervalo entre elas – Luiza Erundina (1989-1992) e Marta Suplicy (2001 e 2004). Suas administrações deixaram marcas profundas nas áreas do transporte, da cultura, da assistência social, que permanecem como paradigma após muito anos.

Chamam a atenção as experiências de Belém, democratizando a participação com o Congresso da Cidade e modernizando a administração com o cadastro multifinalitário urbano; de Belo Horizonte, com as propostas de abastecimento doméstico que permitiram baratear o preço da comida; de Recife, com a política de forte afirmação das raízes multiculturais, em especial da música afro-brasileira, além das ações de prevenção contra riscos por desmoronamento nas áreas de moradias pobres; de Santo

André, com a política de saneamento e habitação; de Caxias do Sul, com a inserção até mesmo das crianças na discussão sobre o futuro da cidade, entre outras. Mas foi o orçamento participativo de Porto Alegre que constituiu a mudança mais notável de rumo nas administrações urbanas e no seu planejamento.

O Orçamento Participativo praticado durante quase duas décadas em Porto Alegre constituiu uma mudança no padrão dos investimentos urbanos. Ele significou a ruptura com o investimento público submetido aos interesses do mercado imobiliário, o que, por sua vez, alimenta a segregação territorial e as desigualdades. Outros *lobbies* muito bem organizados, que indefectivelmente atuam junto às Câmaras Municipais, encontram dificuldades em agir. Os excluídos passam a sujeitos políticos que participam diretamente das decisões. Podem, portanto, exercer algum controle sobre o Estado, que se torna mais próximo e mais transparente. Rompe-se também com o indefectível clientelismo político, embora isso dependa do grau de democracia exercida no processo, pois o risco da cooptação e da relação de troca de favores está sempre presente. O orçamento participativo muda o lugar e a natureza do planejamento urbano.

Os governos municipais que inauguraram gestões inovadoras, autodenominadas "democráticas e populares" orientavam-se pela "inversão de prioridades" na discussão do orçamento público e a participação social em todos os níveis. Os governos do PT foram tão bem-sucedidos que passaram a se diferenciar sob a marca do "modo petista de governar". As propostas eram criativas e efetivas, respondendo com originalidade aos problemas colocados pela realidade local. Nesse sentido, os projetos arquitetônicos, urbanísticos e legais relacionados ao "passivo urbano" (cidade ilegal, autoconstruída, e precariamente urbanizada) ganha importância, pois sempre foi ignorado pelo urbanismo do *mainstream*. Por isso, os programas de governo se dividiam entre os que buscavam recuperar a cidade ilegal consolidada (onde não houvesse obstáculo ambiental para isso) e a produção de novas moradias e novas áreas urbanas.

Apenas para registrar um exemplo importante, uma das iniciativas mais bem-sucedidas em São Paulo buscava dar mais qualidade para a vida de crianças e adolescentes nos bairros pobres, por meio da construção e operação de (CEUs) Centros Educacionais Unificados. Tratava-se de criar um edifício de destacada qualidade arquitetônica, bem equipado, que oferecia cursos regulares, cinema, ginástica, artes plásticas, programas teatrais e musicais, inéditos na periferia urbana. Incluiu-se no centro dos bairros periféricos um pedaço de um universo discrepante, modernizante, em relação ao entorno precário.

Imagem 1: CEU da Paz – Brasilândia, São Paulo, 2012

Fonte: *Google Maps*, 2012

A inexperiência inicial daqueles que alimentavam a utopia de construir uma cidade mais democrática obrigou muitos ativistas a refletir sobre as limitações e a consequente adaptação que deveria ser feita nas propostas. Os conflitos diários vinham dos movimentos sociais, que cobravam mais agilidade da parte do governo; também de adversários, que podiam fazer parte da Câmara Municipal, do Judiciário, quase sempre conservador; mas, em especial e de modo generalizado, da grande mídia, que atuou como partido político representando a elite do país.

Com o passar do tempo, durante as décadas de 1980 e 1990, pesquisadores, professores universitários e profissionais de diversas áreas, socialmente engajados, criaram o que podemos chamar de Nova Escola de Urbanismo. Se antes esses agentes eram críticos do Estado e das políticas públicas, a partir da conquista das novas prefeituras e com o crescimento dos partidos de esquerda, notadamente do PT, eles foram se apropriando de parcelas do aparelho de Estado nos Executivos, nos parlamentos e, com menos importância, até mesmo do Judiciário. Novos programas, novas práticas, novas leis, novos projetos, novos procedimentos, sempre com participação social, permitiram o desenvolvimento também de quadros técnicos e de *know-how* sobre como perseguir maior qualidade e justiça urbana[*]. As travas da macroeconomia estavam colocadas como obstáculos a serem resolvidos no futuro.

Esse movimento pela Reforma Urbana avançou conquistando importantes marcos institucionais. Dentre eles destacam-se: a) um conjunto de leis que, a partir da Constituição Federal de 1988, aporta instrumentos jurídicos voltados para a justiça urbana, sendo o Estatuto da Cidade (Lei Federal n. 10.257/2001)

---

[*] Ver algumas referencias bibliográficas em Maricato, 2011a, 2011b.

a mais importante delas; b) um conjunto de entidades, como o Ministério das Cidades (2003) e as secretarias nacionais de habitação, mobilidade urbana e saneamento ambiental, que retomavam a política urbana agora de forma democrática; e c) consolidação de espaços dirigidos à participação direta das lideranças sindicais, profissionais, acadêmicas e populares como as Conferências Nacionais das Cidades (2003, 2005, 2007) e Conselho Nacional das Cidades (2004).

Cidades na conjuntura atual: a retomada do investimento público e a surpreendente subordinação do espaço urbano ao capital

Não há dúvida de que as políticas sociais implementadas pelos dois governos de Luís Inácio Lula da Silva fizeram diferença na vida de milhões de brasileiros. Os principais programas sociais do governo Lula que tiveram continuidade na gestão de Dilma Rousseff foram: Bolsa Família, Crédito Consignado, Programa Universidade para todos (ProUni) – bolsa de estudo em universidades privadas trocadas por impostos –, Programa de Fortalecimento da Agricultura Familiar (Pronaf) e Programa Luz para Todos. Garantiu-se um aumento real do salário mínimo (de cerca 55%, entre 2003 e 2011, conforme Dieese). Além desses programas, o crescimento da economia e do emprego, propiciado por condições de troca internacional, trouxeram alguma perspectiva de esperança de dias melhores.

Em vez de reforçar explicações que veem no aumento da renda de uma grande camada, a emergência de uma nova classe média, Marcio Pochmann classifica o fenômeno como um reforço das camadas que se encontram na base da pirâmide social. Estes aumentaram sua participação relativa na renda, que estava abaixo de 27%, para 46,3% entre 1995 e

2009. Os classificados em "condição de pobreza" diminuíram sua representação de 37,2% para 7,2% nesse mesmo período. Parte dessa população que migrou da condição de pobreza para a base da pirâmide empregou-se na construção civil (Pochmann, 2012). O gráfico abaixo mostra os números de queda do desemprego nas atividades em geral em relação a este setor da economia.

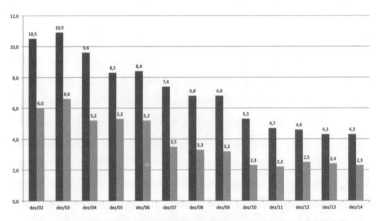

Gráfico 1: Taxa de Desemprego (%) – Conjunto de 6 RMs*
Total de atividades x Construção, 2014

Fonte: PME/IBGE
Elaboração: Banco de Dados – CBIC, 2014/Rafael Borges Pereira

A construção civil foi um dos setores prioritários da política de crescimento econômico graças aos investimentos em obras de infraestrutura e habitação. Outro setor que teve muito incentivo para crescer, com forte impacto para as cidades, foi a indústria

---

* Conjunto das seis regiões metropolitanas: Recife, Salvador, Belo Horizonte, Rio de Janeiro, São Paulo e Porto Alegre. Nota: período de referência de 30 dias para procura de trabalho.

automobilística. Vamos tratar dessa trinca de capitais – capital imobiliário, capital de construção pesada e indústria automotora – que garantiram uma reação anticíclica positiva em relação à crise internacional de 2008, mas conduziram as cidades para uma situação trágica após quase 30 anos de baixo investimento.

A retomada dos investimentos públicos começou lentamente, freada pelas travas neoliberais que proibiam gastos sociais. Mas a partir de 2007 o governo federal lançou o Programa de Aceleração do Crescimento (PAC) e, em 2009, o Programa Minha Casa Minha Vida (MCMV). Com o primeiro, a atividade de construção pesada começa a decolar e, com o segundo, é a construção residencial que decola (CBIC, 2015).

O PAC se destina a financiar a infraestrutura econômica (rodovias, ferrovias, portos, aeroportos e toda a infraestrutura de geração e distribuição de energia) e a infraestrutura social (água, esgoto, drenagem, destino do lixo, recursos hídricos, pavimentação). Ele federalizou o Programa de Urbanização de Favelas: finalmente o governo federal no Brasil reconhecia a cidade ilegal e o passivo urbano, buscando requalificar e regularizar áreas ocupadas ilegalmente. Muitos bairros pobres de um universo gigantesco passaram por projetos de recuperação urbanística, elevando a condição sanitária e de acessibilidade, entre outras.

Já o MCMV é diferente. Retoma-se a visão empresarial da política habitacional, ou seja, de construção de novas casas, apenas, sem levar em consideração o espaço urbano em seu conjunto e muito menos a cidade já comprometida pela baixa qualidade.

Com a finalidade explícita de enfrentar a crise econômica de 2008, o MCMV apresenta pela primeira vez uma política habitacional com subsídios do governo federal. Desenhado pelo Ministério da Casa Civil do governo federal (com Dilma Rousseff à frente), em parceria com os maiores empresários do setor, o programa inclui regras para a securitização do empréstimo. Buscava-se evitar o saldo desastroso que havia caracterizado o fim do sistema realizado durante a ditadura com as instituições centrais – Banco Nacional de Habitação, Plano Nacional de Saneamento e Agência Nacional de Transporte Urbano. O programa concluiu uma reforma do financiamento imobiliário que vinha sendo ensaiada, com várias medidas, desde a década de 1990; mas, nunca é demais lembrar, a questão fundiária ficou intocada (Royer, 2014). O MCMV formalizou as condições para um *boom* imobiliário no Brasil.

Gráfico 2: Financiamento habitacional privado, 2014
(R$ bilhões)

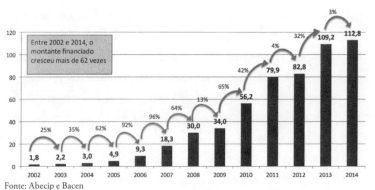

Fonte: Abecip e Bacen
Elaboração: Inteligência de Mercado Abecip/Rafael Borges Pereira.

Vivemos um paradoxo: quando finalmente o Estado brasileiro retomou o investimento em habitação, saneamento e transporte urbano de forma mais decisiva, um intenso processo de especulação fundiária e imobiliária promoveu a elevação do preço da terra e dos imóveis, considerada a "mais alta do mundo". Entre janeiro de 2008 e janeiro de 2015, o preço dos imóveis subiu 265,2%, no Rio de Janeiro; e 218,2%, em São Paulo, liderando o aumento, entre as capitais do país (Fipe ZAP, 2015). E tudo, especialmente, porque a terra se manteve com precário controle estatal, apesar das leis e dos planos que objetivavam o contrário. No mais dos casos, as Câmaras Municipais e Prefeituras flexibilizaram a legislação ou apoiaram iniciativas ilegais para favorecer empreendimentos privados (Fernandes, 2012). Uma simbiose entre governos, parlamentos e capitais de incorporação, de financiamento e de construção promoveu um *boom* imobiliário que tomou as cidades de assalto. Se nos EUA o mote da bolha imobiliária se deu no contexto especial da especulação financeira, cremos que, no Brasil, o *core* do *boom* aliou ganhos financeiros à histórica especulação fundiária (patrimonialista), que se manteve – provavelmente ainda como espaço reservado à burguesia nacional – agora no contexto da financeirização*. O "nó da terra" continua como trava, revisitada na globalização, para a superação do que podemos chamar de subdesenvolvimento urbano.

Pela primeira vez na história do Brasil, o governo federal reservou subsídios em volume significativo, para que as camadas de mais baixa renda não ficassem de fora da produção habitacional. Mas como a moradia é uma mercadoria especial (porque é vinculada à terra, uma condição não reproduzível), os subsídios incidiram no aumento do preço da terra.

---

* Para Lessa e Dain, o setor imobiliário e de construção pesada estão historicamente reservados à burguesia nacional. Cf. Lessa e Dain, 1998. Sobre a bolha americana, cf. Fix, 2011.

Gráfico 3: FGTS – Valor dos subsídios concedidos entre 2003 e 2011
(valores em R$ mil)

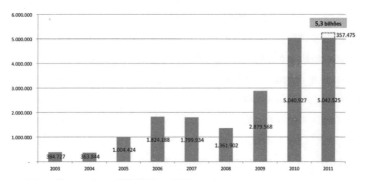

Fonte: Palestra Teotonio C. Resende, 02/12/11 (Abecip, 2011)
Elaboração: Rafael Borges Pereira

Para não remeter todas as críticas ao governo federal, é preciso lembrar que a questão urbana/fundiária é de competência constitucional dos municípios ou do governo do Estado, quando se trata de região metropolitana. Mas nenhuma instância de governo tocou nas propostas da Reforma Urbana, sequer em discurso. Em relação ao poder local, houve um retrocesso. O "modo petista de governar" recuou. A centralidade da terra urbana para a justiça social desapareceu. Aparentemente a política urbana se tornou uma soma de obras descomprometidas com o processo de planejamento. Os planos, como sempre, cumpriram o papel do discurso e não orientaram os investimentos (Villaça, 2012). Outros fatores como os interesses do mercado imobiliário, o interesse de empreiteiras, a prioridade às obras viárias ou de grande visibilidade deram o rumo para aplicação dos recursos. O que mais se vê na conjuntura atual são planos sem obras e obras sem planos, seguindo interesses de articulações de capitais, proprietários de imóveis e o financiamento de campanhas eleitorais*.

Os motivos do enfraquecimento das forças que lutaram pela Reforma Urbana ou que puseram de pé e implementaram uma política urbana que contrariou, ainda que por um período limitado, a cidade selvagem, ainda estão à espera de melhores análises. Mas, sem dúvida, muitos dos participantes dessa luta foram engolidos pela esfera institucional. Atualmente, a maior parte deles está em cargos públicos ou ao redor deles (Maricato, 2011a).

Com os megaeventos da Copa do mundo em 2014 e das Olimpíadas em 2016 (no Rio de Janeiro), vemos uma radicalização da febre que acompanha o atual "*boom*" imobiliário. Seguindo a trajetória dos países que sediam esses grandes eventos, a "máquina do crescimento" (uma articulação de entidades internacionais, governos e capitais) é posta a funcionar, buscando legitimar, com o urbanismo do espetáculo, gastos pouco explicáveis para um país que ainda tem enorme precariedade nas áreas da saúde, da educação, do saneamento e dos transportes coletivos.

Muitos exemplos poderiam ser dados sobre a truculência com que as grandes obras expulsam moradores das redondezas para viabilizar um processo de expansão imobiliária e de construção de um pedaço do cenário urbano global. Boa parte dessas grandes obras resta subutilizada após abocanhar um significativo naco dos cofres públicos em sua construção. A dinâmica que acompanha os megaeventos articula, de um modo

---

* O financiamento de campanhas eleitorais resulta em grande definidor da política urbana: 62% do financiamento não partidário na eleição de 2012 da Câmara Municipal de São Paulo veio dos setores empresariais imobiliário e de construção. Ver a respeito o *site* Arquitetura da Gentrificação, 2015.

geral, os arquitetos do *star system*, como nomeia Otília Arantes; legisladores que acertam um conjunto de regras de exceção para satisfazer as exigências das entidades internacionais esportivas ou culturais; governos de diversos níveis, que investem em obras buscando maior visibilidade e o retorno financeiro e político sob a forma de apoio à futura campanha eleitoral; e empresas privadas locais e internacionais. A bibliografia repete a receita dessa nova frente de acumulação de determinados capitais, analisando casos de diferentes países (Jennings, Rolnik *et al*.., 2014).

O império do automóvel. Transporte coletivo em ruínas

Após muitos anos de ausência de investimentos nos transportes coletivos (de 1980 até 2009, aproximadamente), com algumas exceções, a condição de mobilidade nas cidades tornou-se um dos maiores problemas sociais e urbanos. É importante dar alguns dados para qualificar esse quadro de inacreditável irracionalidade para a mobilidade social, mas de efetiva racionalidade para certos capitais.

O tempo médio das viagens em São Paulo era de 2 horas e 42 minutos. Para um terço da população, esse tempo era de mais de 3 horas. Para um quinto, era mais de 4 horas, ou seja, uma parte da vida é vivida nos transportes, seja ele um carro de luxo, ou, o que é mais comum e atinge os moradores da periferia metropolitana, num ônibus ou trem superlotado (ANTP-SIM, 2012). Estresse, transtornos de ansiedade, depressão são doenças que acometem 29,6% da população de São Paulo, segundo pesquisa do Núcleo de Epidemiologia Psiquiátrica da USP. Dentre cidades de 24 países pesquisados, São Paulo é a que apresenta o maior comprometimento da saúde da população, e parte importante dessas mazelas é atribuída ao tráfego de veículos (Andrade, 2012).

Os congestionamentos de tráfego nessa cidade chegam a atingir 763,79 km de vias. A velocidade média dos automóveis em São Paulo, entre 17h e 20h em junho de 2012, foi de 7,6 km/h, ou seja, quase a velocidade de caminhada a pé. Durante a manhã, a velocidade passa a ser de 20,6 km/h, ou seja, a de uma bicicleta (ANTP-SIM, 2012). Todas as cidades de porte médio e grande estão apresentando congestionamentos devido à avalanche de automóveis que entra nelas a cada dia. O consumo é incentivado pelos subsídios dados pelo governo federal e alguns governos estaduais para a compra de automóveis. Em 2003, o número de automóveis em 12 metrópoles brasileiras era de 23,7 milhões e, em 2013, era de 45,4 milhões, ou seja, praticamente dobrou. Nesse mesmo período e nessas mesmas cidades, o número de motos passou de 5,3 milhões para 18,1 milhões, ou seja, quase quadruplicou (Anuário da Fenabrave, 2013).

O governo brasileiro deixou de recolher impostos no valor de R$ 26 bilhões desde o final de 2008 (nesse mesmo período foram criados 27.753 empregos) e US$ 14 bilhões (quase o mesmo montante dos subsídios) foram enviados ao exterior, para as matrizes das empresas que estão no Brasil aliviando a crise que estavam vivendo na Europa e Estados Unidos (Affonso, 2009).

Sabemos que, em todo o mundo, mesmo cidades com boa rede de transportes apresentam congestionamentos de tráfego devido ao conforto e ao fetiche representado pelo automóvel. Mas é preciso conhecer os impactos econômicos, ambientais e na saúde que esse modo de transporte implica, nas cidades brasileiras, para compreender e passar à perplexidade inevitável.

Comparado com os demais modos, os automóveis são responsáveis por 83% dos acidentes (Weiselfisz, 2013) e 68% das emissões totais de poluentes (ANTP-SIM, 2012).

Gráfico 4: Emissões totais de poluentes por modo, 2012
(milhões de toneladas/ano)

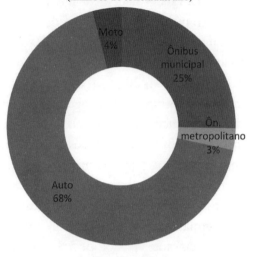

Fonte: Relatório Geral de Mobilidade Urbana 2012, ANTP-SIM
Elaboração: Rafael Borges Pereira

Segundo o Ministério da Saúde, nos últimos 5 anos, morreram em acidentes de trânsito 110 pessoas por dia e aproximadamente 1.000 ficaram feridas. Quase o dobro do número de pessoas mortas em acidentes de trânsito fica com algum grau de deficiência. Em São Paulo, no ano de 2011 morreram em acidentes de trânsito 1.365 pessoas, sendo que 45,2% (617) foram atropeladas, o que revela a insegurança do pedestre. Desses acidentes ainda, 512 vitimaram motociclistas. A moto foi a forma encontrada para driblar os congestionamentos e fazer entregas rapidamente. Raramente esses chamados motoboys respeitam regras de trânsito, pois a rapidez é sua vantagem competitiva.

O gráfico abaixo, retirado do "Relatório Geral de Mobilidade Urbana 2012" da Associação Nacional de Transportes

Públicos (ANTP) traz dados sobre o modo das viagens nas 438 cidades brasileiras com mais de 60 mil habitantes; o que mais chama a atenção é o número de viagens não motorizadas, ou seja, pelo menos um terço dos moradores das cidades com mais de 1 milhão de habitantes. Esse dado não indica que as cidades atingiram o equilíbrio de aproximar casa, trabalho, estudo e demais equipamentos e serviços urbanos que demandam viagens diárias. Ao contrário, nas periferias metropolitanas, raramente há bons equipamentos de saúde, abastecimento, educação, cultura, esporte etc., e, como o transporte é ruim e caro, os moradores, em especial os jovens, vivem o destino do "exílio na periferia", como cunhou Milton Santos (Santos, 1990). Nunca é demais lembrar que pobreza e imobilidade é receita para a violência.

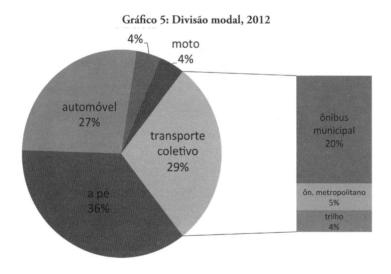

Gráfico 5: Divisão modal, 2012

Fonte: Relatório Geral de Mobilidade Urbana 2012, ANTP-SIM
Elaboração: Rafael Borges Pereira

Em que pese a ainda baixa participação dos automóveis no número de viagens e o estímulo dado ao seu consumo, falta lembrar que as obras viárias ganham prioridade sobre, por exemplo, as obras de saneamento, nos orçamentos municipais. De fato elas têm mais visibilidade e prestígio acabando por influenciar os votos nas eleições.

O impacto da poluição do ar promovida por tal condição de mobilidade sobre a saúde vem sendo estudado por Paulo Saldiva, professor da USP, e sua equipe. Vamos reproduzir suas próprias palavras:

> De acordo com a OMS, os elevados níveis de poluição na cidade de São Paulo são responsáveis pela redução da expectativa de vida em cerca de um ano e meio. Os três motivos que encabeçam a lista são: câncer de pulmão e vias aéreas superiores; infarto agudo do miocárdio e arritmias; e bronquite crônica e asma. Estima-se que a cada 10 microgramas de poluição retiradas do ar há um aumento de oito meses na expectativa de vida (Saldiva, 2008).

Aproximadamente 12% das internações respiratórias em São Paulo são atribuíveis à poluição do ar. Um em cada dez infartos do miocárdio são o produto da associação entre tráfego e poluição. Os níveis atuais de poluição do ar respondem por quatro mil mortes prematuras ao ano na cidade de São Paulo. Trata-se, portanto, de um tema de saúde pública.

Poderíamos citar outros impactos negativos que a mobilidade baseada no automóvel acarreta para a qualidade de vida em qualquer cidade com impermeabilização do solo, espraiamento da urbanização ou outras mazelas que ocuparam longas horas em seminários acadêmicos ou profissionais. Muito papel com análises críticas e muitas propostas foram elaboradas para melhorar esse quadro, mas essa prioridade indiscutível que é dada ao automóvel na matriz urbana não está afirmada em nenhum documento, discurso ou plano, no Brasil. Ao contrário, todos os anos as autoridades comemoram o "dia mundial sem carro" (22 de setembro), com repetidas ênfases sobre a importância da bicicleta e da caminhada para a saúde.

Tanta irracionalidade, como foi descrito aqui, haveria de merecer uma resposta. E ela veio nas ruas, a partir de 11 de junho de 2013 quando tem início manifestações sociais contra o aumento da tarifa dos transportes coletivos. Desde então, até o momento em que essas páginas são escritas, novembro de 2013, manifestantes de diversas causas e matizes não deixaram as ruas, especialmente nas cidades do Rio de Janeiro e São Paulo.

Quando novíssimos personagens entram em cena

Para os que acompanham as condições de vida das cidades brasileiras, a adesão massiva aos primeiros chamados do Movimento Passe Livre (MPL), contra o aumento da tarifa dos transportes coletivos, em junho de 2013, não surpreendeu. Mas as conquistas sim, a começar pelo fato de que mais de 100 cidades voltaram atrás no reajuste das tarifas e está colocada uma forte tensão sobre o sistema de mobilidade e os aumentos dos próximos anos.

Organizados em rede – negando a hierarquia e a centralização – informados, politizados, persistentes (o MPL luta contra o aumento das tarifas nos transportes públicos há oito anos), criativos, inovadores, bem humorados, apartidários mas não antipartidos, críticos à política institucional, formados especialmente por integrantes de classe média (mantendo, porém, forte vínculo com movimentos da periferia). Essas são algumas das características dos novíssimos personagens, grupos organizados de forma fragmentada e reunidos sob diferentes bandeiras.

As manifestações, que continuam a acontecer, pelo menos nas duas maiores cidades brasileiras – São Paulo e Rio de Janeiro –, até o momento em que essas linhas são escritas, mostraram uma diversidade enorme de agentes e matizes ideológicos, o que dificulta uma análise mais consolidada. Para o que interessa na conclusão deste texto, vamos nos ocupar daqueles que contam para mudanças de caráter progressista.

Talvez, o fato de ser constituído por integrantes de classe média é o que explica a decisão do MPL, naquele 11 de junho de 2013, de enfrentar a polícia. Dessa vez, como em anos anteriores, a polícia não iria tirar os manifestantes das ruas. Eles se dispersavam e voltavam a se encontrar na quadra ao lado. Os celulares ajudaram muito nessa tática. Há um movimento cultural febril nas periferias urbanas, mas cada proletário sabe o quanto lhe custa enfrentar a polícia. Não é necessário decidir-se pela confrontação. Ela se dá todos os dias.

Ao contrário da esquerda tradicional, os novíssimos personagens querem mudanças aqui e agora, em vez das abordagens holísticas construídas em torno das grandes reformas ou revoluções. As demandas podem ser pontuais, mas referidas a pontos estratégicos de grande impacto político e social. A recusa radical ao reajuste das tarifas está ligada a um radicalíssimo mundo sem catracas. Tarifa zero. Mobilidade total para todos. O que é mais importante na vida urbana do que ter mobilidade? Acessar a tudo que a cidade oferece independente do local de moradia? Como abrir a caixa preta dos jurássicos sistemas de transportes de nossas metrópoles sem impactar tudo e todos na cidade? Incluindo o uso do solo, o meio ambiente, a moradia, a segregação, o exílio dos jovens na periferia, os acordos de campanha eleitoral, as "prioridades orçamentárias", o sofrimento dos que dependem desse transporte, a dominação urbana rodoviarista, imobiliária etc. etc.

Algumas conquistas das jornadas de junho e a urgência com que elas foram atendidas seriam impensáveis antes de junho de 2013. Para dar um salto na compreensão do que está acontecendo e diante da dificuldade de análise, vamos apresentar alguns fatos, uma lista de conquistas surpreendentes a partir das chamadas jornadas de junho que tocam no coração das cidades.

Além de recuperar a discussão sobre o transporte urbano na sociedade brasileira, após quase 30 anos de ter sido banido pelas políticas neoliberais, outros temas de políticas públicas foram despertados. Um deles, o mais paradigmático foi sobre a política de segurança. Por milhares de registros fotográficos e vídeos, evidenciou-se que a polícia cria, frequentemente, a insegurança e o pânico. (Como não ver muitos dos policiais como vítimas de uma política que prioriza o patrimônio ao ser humano? De uma corporação que tem tradição de torturar e matar negros e pobres?).

O sumiço de um morador, o pedreiro Amarildo, que havia sido preso pela Unidade de Polícia Pacificadora (UPP) da favela da Rocinha no Rio de Janeiro, foi transformado em caso exemplar pelas manifestações em várias partes do país. Criou-se um movimento tão avassalador, uma verdadeira campanha espontânea – "Cadê o Amarildo?" – que o governo do Rio de Janeiro não teve outra alternativa senão investigar o caso. Este culminou numa revelação, antes impensável, de morte sob tortura e ocultação de cadáver. Os Amarildos são muitos. O precedente foi aberto.

Outras conquistas sob o clamor das ruas em São Paulo:
1. foi criada a CPI dos Transportes Públicos na Câmara Municipal de São Paulo – votada sob pressão de 60 jovens manifestantes que tomaram a CMSP. Eles prometem acompanhar os trabalhos da CPI;
2. foi suspensa a licitação do transporte coletivo sobre ônibus no valor aproximado de R$ 43 bilhões. Está dada a chance de

ordenar os trajetos de cada companhia de ônibus na cidade subordinando-as a um plano municipal e metropolitano. A tarifa deverá decorrer desse novo arranjo administrativo e espacial;

3. foi suspenso pelo prefeito Fernando Haddad o início da obra de túnel (que o ex-prefeito se apressou em deixar licitado com antecedência) no valor inicial de R$ 3 bilhões (equivalente a 50% do orçamento da Secretaria Municipal de Saúde). O projeto, que tem lógica mais imobiliária que viária, não admitia a circulação de ônibus, mas tão somente de automóveis. A lei da Operação Urbana Águas Espraiadas, que contém o projeto do túnel, contraria princípio básico do Plano Diretor de prioridade ao transporte coletivo;

4. os corredores de ônibus passaram a ser implantados imediatamente, mostrando que nem tudo depende de obras e grandes recursos. O tempo gasto no transporte coletivo em alguns trajetos já diminuiu;

5. a Prefeitura rejeitou alvará de licença para um aeroporto privado em área ambientalmente frágil – Área de Proteção aos Mananciais – ao sul do município*.

Sobre a cidade do Rio de Janeiro, muito haveria para dizer, mas, do ponto de vista urbano, para começar nossa lista, há dois eventos importantes que merecem destaque:

1. desistência da privatização do Maracanã. A privatização previa a destruição de um parque aquático, de uma praça esportiva e de uma escola pública fundamental, que servem aos jovens da região. Ao desistir de demolir esses equipamentos,

---

* O Rodoanel – obra bilionária de trajeto questionável que os governos estaduais tucanos estão promovendo nos arredores da Região Metropolitana de São Paulo – cortou a Área de Proteção dos Mananciais e agora os capitais privados tentam "plugar" na megaobra viária.

a privatização perdeu a atração para os capitais privados (ao menos por enquanto);

2. fim do despejo da Comunidade do Autódromo. Após uma longa queda de braço entre os moradores, que contaram com a ajuda do IPPUR da UFRJ, e a prefeitura, esta desistiu de removê-los.

Enfim, a partir de 11 de junho já foram desmontadas muitas tentativas de assalto às cidades brasileiras e os direitos sociais se afirmaram em muitas ocasiões, o que estava ficando raro. Para explicar os acontecimentos, analistas lembraram a falência das representações políticas, o completo despreparo da polícia para se relacionar com manifestações democráticas (embora a presença dos *blackblocs* questione essa classificação), a exigência de melhores condições de vida por parte de uma classe média que emergiu com as políticas sociais dos últimos anos, entre outras causas. Para nós, faz parte dessa explicação a piora nas condições de vida urbana, como foi visto aqui, causada, principalmente por: *a) a disputa pelo fundo público que, em vez de se dirigir à reprodução da força de trabalho, se dirige à reprodução do capital; e b) ao esquecimento da Reforma Urbana, cuja centralidade é a função social da propriedade, prevista na Constituição Brasileira, no Estatuto da Cidade e em todos os Planos Diretores dos municípios brasileiros.*

Referências bibliográficas
AFFONSO, N. S. "Automóveis e sustentabilidade". *Revista Desafios do Desenvolvimento – IPEA*, Ano 6, Ed. 53, 2009. Disponível em: <http://desafios.ipea.gov.br/index.php?option=com_content&view=article&id=1049:automoveis-e-sustentabilidade&catid=29:artigos-materias&Itemid=34>. Acessoem: 21 fev. 2015.
ANDRADE, Laura *et al. Mental disorders in Megacities: Findings from São Paulo Megacity Mental Health Survey*, 2012. Disponível em: <http://journals.plos.org/plosone/article?id=10.1371/journal.pone.0031879>. Acesso em: 26 fev. 2015.

ARANTES, O. "Uma estratégia fatal: a cultura nas novas gestões urbanas", *in:* ARANTES, O.; MARICATO, E. e VAINER, C. *A Cidade do pensamento único: desmanchando consensos.* Petrópolis: Ed. Vozes, 2000.
ARQUITETURA DA GENTRIFICAÇÃO, disponível em: <http://reporterbrasil.org.br/gentrificacao/a-bancada-empreiteira/>. Acessoem 21 fev. 2015.
BALL, M. "The development of capitalism in housing provision", *in: International Journal of Urban Regional Research.* London: Joint EditorsandBlackwellPublishing, 1981, p. 145-176.
CANO, W. *Reflexões sobre o Brasil e a Nova (Des)Ordem Internacional.* 4ª ed. Campinas: Editora da UNICAMP, 1995.
CASTELLS, M. *La question urbaine,* Paris: François Maspero, 1972.
CASTRO, C. M. P. e SILVA, H. M. B. *A legislação, o mercado e o acesso à habitação em São Paulo, in:* WORKSHOP HABITAÇÃO: COMO AMPLIAR O MERCADO? São Paulo, 1997.
DAVIS, Mike. *Planeta favela.* São Paulo: Boitempo, 2006.
FERNANDES, Ana. "Salvador, uma cidade perplexa". *Carta Maior,* 21 set. 2012. Disponível em: <http://cartamaior.com.br/?/Editoria/Politica/Salvador-uma-cidade-perplexa%0D%0A/4/25983>. Acesso em: 26 fev. 2015.
FERNANDES, Florestan. "Problemas de conceituação das classes sociais na América Latina", *in:* ZENTENO, Raúl Benitez. *As classes sociais na América Latina.* Rio de Janeiro, Paz e Terra, 1977.
FERRO, S. *Arquitetura e trabalho livre.* São Paulo: Cosac&Naify, 2006. (org. Pedro Arantes).
FIX, Mariana. *Financeirização e transformações recentes no circuito imobiliário no Brasil.* Campinas, 2011 (Tese de Doutoramento apresentada ao IE UNICAMP).
FURTADO, C. *Economia do desenvolvimento. Curso ministrado na PUC-SP em 1975.* Rio de Janeiro: Contraponto, 2008.
GENRO, T.; DUTRA, O. *O desafio de administrar Porto Alegre.* Porto Alegre, 1989.
HARVEY, D. "O trabalho, o capital e o conflito de classes em torno do ambiente construído nas sociedades capitalistas avançadas". *Revista Espaço e Debates.* São Paulo: Cortez, n. 6, jun./set. 1982.
_____. *A produção capitalista do espaço.* São Paulo: Annablume, 2005.
HEREDA, Jorge Fontes; ALONSO, Emílio. "Política urbana e melhoria da qualidade de vida em Diadema", *in:* BONDUKI, Nabil (org.), *Habitat: As práticas bem-sucedidas em habitação, meio ambiente e gestão urbana nas cidades brasileiras.* São Paulo: Studio Nobel, 1996.
JENNINGS, A.; ROLNIK, R. et al.. *Brasil em Jogo: o que fica da Copa e das Olimpíadas?.* São Paulo: Boitempo e Carta Maior, 2014. Ver ainda LEAL, F. et al. *A copa do mundo e as cidades: políticas, projetos e resistências.* Niterói: Editora da UFF, 2014.

LESSA, Carlos e DAIN, Sulamis. (1980). "Capitalismo Associado: algumas referências para o tema Estado e desenvolvimento", in: BELLUZZO, L. e COUTINHO, R. (orgs.). *Desenvolvimento Capitalista no Brasil: ensaios sobre a crise*, vol. 1, 4ª ed. Campinas: IE/Unicamp, 1998 (Coleção 30 Anos de Economia - Unicamp, n. 9), p. 247-65.

MAGALHÃES, I.; BARRETO, L.; TREVAS, V. (org.) *Governo e Cidadania: Balanço e reflexões sobre o modo petista de governar.* São Paulo: Ed. Fundação Perseu Abramo, 1999.

MARICATO, E. *Autoconstrução: a arquitetura possível.* São Paulo: FAUUSP, 1976.

_____. *A produção capitalista da casa (e da cidade) no Brasil industrial.* São Paulo: Editora Alfa-Ômega, 1979.

_____. Indústria da construção e política habitacional. São Paulo: FAUUSP, 1984. (Tese de Doutoramento apresentada à FAUUSP).

_____. *Metrópole na periferia do capitalismo: desigualdade, ilegalidade e violência.* São Paulo: Hucitec, 1996.

_____. *Erradicar o analfabetismo urbanístico*, 2002. Disponível em: <https://erminiamaricato.files.wordpress.com/2012/03/maricato_analfabetismourbano.pdf>. Acesso em: 26 fev. 2015.

_____. *O impasse da política urbana no Brasil.* Petrópolis: Vozes, 2011a.

_____. "Metrópoles desgovernadas." *Estudos Avançados*, São Paulo, n. 25, 2011b, p. 7-22.

OLIVEIRA, F. "A Economia Brasileira: Crítica à Razão Dualista". *Estudos CEBRAP*, n. 2, Edições CEBRAP, 1972.

ONU – HABITAT. *Estado de lasCiudades de América Latina y el Caribe 2012: rumbo a uma nuevatransicion urbana.* PNUD, 2012.

POCHMANN, M. *Nova classe média? Trabalho na pirâmide social brasileira.* São Paulo: Boitempo, 2012.

ROYER, L. O. *Financeirização da Política Habitacional.* São Paulo: Annablume, 2014.

SALDIVA, P. *Nossos doentes pneumopatas e a poluição atmosféricas.* J.bras. pneumol. São Paulo, vol. 34, n. 1, jan. 2008. Disponível em: <http://www.scielo.br/scielo.php?script=sci_arttext&pid=S1806-37132008000100001&lang=pt>. Acesso em: 26 fev. 2015.

SAMPAIO JR., P. A. "O impasse da 'formação nacional'", in: FIORI, J. L. *Estudo e moedas no desenvolvimento das nações.* Petrópolis: Vozes. 1999.

SANTOS, M. *Metrópole corporativa fragmentada.* São Paulo: Nobel, 1990.

SCHWARZ, R. "As ideias fora do lugar". *Estudos Cebrap*, n. 3, 1973.

_____. "Desapareceu a perspectiva de um progresso que torne o país decente". *Folha de São Paulo.* São Paulo, 11 ago. 2007.

TAVARES, Maria Conceição; FIORI, José Luis da Costa (org.). *Poder e dinheiro. Uma economia política da globalização.* 6. ed. Petrópolis: Editora Vozes, 1997.

VAINER, C. "Pátria, empresa e mercadoria: notas sobre a estratégia discursiva do planejamento estratégico urbano", *in:* ARANTES, O.; MARICATO, E. e VAINER, C. *A Cidade do pensamento único: desmanchando consensos.* Petrópolis: Ed. Vozes, 2000.

VILLAÇA, Flávio. *Reflexões sobre as cidades brasileiras.* São Paulo: Studio Nobel, 2012.

VIOTTI da COSTA, E. *Da monarquia à República.* São Paulo: Unesp, 1999.

WEISELFISZ, J. J. *Mapa da violência 2013: Acidentes de trânsito e motocicletas.* Disponível em: <http://www.mapadaviolencia.org.br/pdf2013/mapa2013_transito.pdf>. Acesso em: 26 fev. 2015.

Documentos

ASSOCIAÇÃO NACIONAL DE TRANSPORTES PÚBLICOS. *Relatório Geral de Mobilidade Urbana 2012.* Disponível em: <http://antp.org.br/_5dotSystem/download/dcmDocument/2014/08/01/CB06D67E-03DD-400E-8B86--D64D78AFC553.pdf>. Acesso em: 26 fev. 2015.

CÂMARA BRASILEIRA DA INDÚSTRIA DA CONSTRUÇÃO (CBIC). Disponível em: <http://www.cbicdados.com.br/home/>. Acesso em: 22 fev. 2015.

FEDERAÇÃO NACIONAL DA DISTRIBUIÇÃO DE VEÍCULOS AUTOMOTORES (FENABRAVE). *Anuário 2013: o desempenho da distribuição automotiva no Brasil.* Disponível em: <http://www3.fenabrave.org.br:8082/plus/modulos/listas/index.php?tac=indices-e-numeros&idtipo=6&layout=indices--e-numeros>. Acesso em: 28 fev. 2015.

ZAP. *Índice FIPEZAP.* Disponível em: <http://www.zap.com.br/imoveis/fipe-zap--b/>. Acesso em: 03 mar. 2015.

Incêndio na favela do Moinho (SP)

TERROR IMOBILIÁRIO OU A EXPULSÃO DOS POBRES DO CENTRO DE SÃO PAULO*
A luta pelo direito à cidade

Dificilmente, durante nossa curta existência, assistiremos disputa mais explícita que esta pelo acesso ao centro antigo de São Paulo, opondo Prefeitura e Câmara Municipal de São Paulo (além do governo estadual), que representam os interesses do mercado imobiliário, contra os moradores e usuários pobres.

Trata-se do único lugar na cidade onde os interesses de todas as partes (mercado imobiliário, Prefeitura, Câmara Municipal, comerciantes locais, movimentos de luta por moradia, moradores de cortiços, moradores de favelas, recicladores, ambulantes, moradores de rua, dependentes químicos e outros) estão muito claros, e os pobres não estão aceitando passivamente a expulsão.

No restante da cidade, como em todas as metrópoles brasileiras, um furacão imobiliário revoluciona bairros residenciais e até mesmo as periferias distantes; insuflado pelos recursos do Minha Casa Minha Vida (MCMV), ele empurra os pobres para

---

* Texto divulgado no *Boletim Eletrônico Carta Maior* do dia 26/01/2012. Disponível em: <http://cartamaior.com.br/?/Coluna/Terror-imobiliario-ou-a-expulsao-dos-pobres-do-centro-de-Sao-Paulo/20900>. Acesso em: 23 fev. 2015.

além dos antigos limites, no contexto de total falta de regulação fundiária/imobiliária ou, em outras palavras, de planejamento urbano, por parte dos municípios. A especulação corre solta, auxiliada por políticas públicas que identificam valorização imobiliária com progresso.

Ao contrário do silêncio (ou de protestos pontuais) que acompanha essa escandalosa especulação – que a partir de 2010 levou à multiplicação dos preços dos imóveis em todo o país –, no centro de São Paulo foi deflagrada uma guerra de classes.

Não faltaram planos para recuperar o centro tradicional de São Paulo. Desde a gestão do prefeito Faria Lima, vários governos defenderam a promoção de moradia pública na região.

Governos tucanos apostaram em estratégias de distinção local por meio de investimento na cultura (como demonstraram muitos trabalhos acadêmicos). Vários museus, salas de espetáculo, centros culturais, edifícios históricos foram criados ou renovados. No entanto, o mercado imobiliário nunca respondeu ao convite dos diversos governos de investir na região, seja para um mercado diferenciado, seja para habitação social, como pretenderam os governos Erundina e Marta.

Outras localizações, engendradas pelas parcerias Estado/capital privado, conforme demonstrou Mariana Fix, foram mais bem-sucedidas, como o caso da região Berrini/Águas Espraiadas.

Outro fator que inibiu a entrada mais decisiva dos empreendedores no centro foi a reduzida dimensão dos terrenos. O mercado imobiliário busca terrenos amplos que permitam a construção de uma ou de várias torres-clube, padrão praticamente generalizado atualmente no Brasil.

Finalmente, há os pobres – com toda a diversidade já exposta –, em cuja proximidade imóveis novos ou reformados são desvalorizados, coerentemente com os valores de uma sociedade que além de patrimonialista (e por isso mesmo) está entre as mais desiguais do mundo. Aceita-se que os pobres ocupem até áreas de proteção ambiental: as Áreas de Proteção dos Mananciais (são quase 2 milhões de habitantes apenas no Sul da metrópole), as encostas do Parque Estadual da Serra do Mar, as favelas em áreas de risco, mas não se aceita que ocupem áreas valorizadas pelo mercado, como revela a atual disputa pelo centro.

Enquanto os planos das várias gestões municipais para o centro não deslancharam (leia-se: não interessaram ao mercado imobiliário), os serviços públicos declinaram (o acúmulo de lixo se tornou regra), num contexto já existente de imóveis vazios e moradia precária. O baixo preço do metro quadrado afastou investidores e, mais recentemente, nos últimos anos... também o poder público. Nessa área, assim "liberada" e esquecida pelos poderes públicos, os dependentes químicos também se concentraram. No entanto, a vitalidade do comércio na região, que inclui um dos maiores centros de venda de computadores e artigos eletrônicos da América Latina, não permite classificar essa área como abandonada, senão pela falta de serviços públicos, de manutenção urbana e de políticas sociais.

Frente a isso, a gestão do prefeito Kassab deu continuidade ao Projeto Nova Luz, iniciado por seu antecessor José Serra, e continuou se empenhando em retirar os obstáculos que afastam o mercado imobiliário de investir na área. Estão previstos a desapropriação de imóveis em dezenas de quadras e o remembramento dos lotes, para constituírem grandes terrenos, de modo a viabilizar a entrada do mercado imobiliário.

A retomada de recursos de financiamento habitacional com o MCMV, após praticamente duas décadas de baixa produção, muda completamente esse quadro. Os novos lançamentos do mercado imobiliário passam a cercar a região. Vários bairros vizinhos, como a Barra Funda, apresentam um grande número de galpões vazios em terrenos de dimensões atraentes. A ampliação de outro bairro vizinho, Água Branca, vai se constituir em um bairro novo.

Finalmente, o mercado imobiliário e a prefeitura lançam informalmente a ideia de uma fantástica operação urbana que irá ladear a ferrovia, começando no bairro da Lapa e estendendo-se até o Brás. O projeto inclui a construção de vias rebaixadas.

Todos ficam felizes: empreiteiras de construção pesada, mercado imobiliário, integrantes do Executivo e Legislativo (que garantem financiamento para suas campanhas eleitorais) e a classe média que ascendeu ao mercado residencial com os subsídios.

O Projeto Nova Luz parece ser a ponta de lança dessa gigantesca operação urbana. Mas ainda resta um obstáculo a ser removido: os pobres que se apresentam sob a forma de moradores dos cortiços, moradores de favelas, dependentes de droga, moradores de rua, vendedores ambulantes... Com eles ali, a taxa de lucro que pode ser obtida na venda de imóveis não compensa.

Algumas ações não deixam dúvida sobre as intenções de quem as promove. Um incêndio, cujas causas são ignoradas, atingiu a Favela do Moinho, situada na região central, ao lado da ferrovia. Alguns dias depois, numa ação de emergência, a Prefeitura contrata a implosão de um edifício no local sob alegação do risco que ele podia oferecer aos trens que passam ali (enquanto os moradores continuavam sem atendimento, ocupando as calçadas da área incendiada). Em seguida os dependentes químicos são literalmente atacados pela polícia, sem qualquer diálogo e sem a oferta de qualquer alternativa. (Esperavam que eles fossem evaporar?). Alguns dias depois, vários edifícios onde funcionavam bares, pensões, moradias, são fechados pela Prefeitura, sob alegação de uso irregular. (O restante da cidade vai receber o mesmo tratamento? Quantos usos ilegais há nessa cidade?).

O centro de São Paulo constitui uma região privilegiada em relação ao resto da cidade. Trata-se do ponto de maior mobilidade da metrópole, com seu entroncamento rodometroferroviário. A partir dali, pode-se acessar qualquer ponto da cidade, o que constitui uma característica ímpar se levarmos em conta a trágica situação dos transportes coletivos. Trata-se ainda do local de maior oferta de emprego na região metropolitana. Nele, estão importantes museus e salas de espetáculo, bem como universidades, escolas públicas, equipamentos de saúde, sedes do Judiciário, órgãos governamentais.

Apenas para dar uma ideia da expectativa em relação ao futuro da região, está prevista ali uma Escola de Dança, na vizinhança da Sala São Paulo, cujo projeto, elaborado por renomados arquitetos suíços – autores da arena esportiva chinesa "Ninho de Pássaro"– custou a módica quantia de R$ 20 milhões, de acordo com informações da imprensa. É preciso lembrar ainda que infraestrutura local é completa: iluminação pública, calçamento, pavimentação, água e esgoto, drenagem como poucas localizações na cidade.

Trata-se de um patrimônio social já amortizado por décadas de investimento público e privado. A disputa irá definir quem vai se apropriar desse ativo urbano e com que finalidade.

A desvalorização de tal ambiente é um fenômeno estritamente ou intrinsecamente capitalista, como já apontou David Harvey, analisando outros processos de "renovação" de centros de cidades americanas. A luta pela Constituição Federal de 1988 e a regulamentação de seus artigos 182 e 183, que gerou o Estatuto da Cidade, se inspirou, em parte, na possibilidade de utilizar imóveis vazios em centros urbanos antigos para moradia social. Nessas áreas ditas "deterioradas", está a única alternativa de os pobres vivenciarem o "direito à cidade", pois, de um modo geral, eles são expulsos dela. Executivos e Legislativos evitam aplicar leis tão avançadas. O Judiciário parece esquecer-se de que o direito à moradia é absoluto em nossa Carta Magna, enquanto o direito à propriedade é relativo à função social. (Escrevo essas linhas enquanto decisão judicial autorizou o despejo – que se fez de surpresa e de forma violenta – de mais de 1.600 famílias de uma área, cujo proprietário Naji Nahas deve R$15 milhões em IPTU, ao município de São José dos Campos. Antes de mais nada, é preciso ver se ele era mesmo proprietário da terra, já que, no Brasil, a fraude registrária de grandes terrenos é mais regra que exceção; e depois, verificar se ela estava ou não cumprindo a função social).

É óbvio que o caso que nos ocupa aqui mostra a falta de compaixão, de solidariedade, de espírito público. Crianças moram em péssimas condições nos cortiços, em cômodos insalubres, dividem banheiros imundos com um grande número de adultos (quando há banheiros). Com os despejos violentos, são remetidas para uma condição ainda pior de moradia pelo Estado, que, legalmente, deveria responder pela solução do problema. Num mundo com tantas conquistas científicas e tecnológicas, dependentes químicos são tratados com balas de borracha e *spray* de pimenta para se dispersarem. Um comércio dinâmico, formado por pequenas empresas e ambulantes, que poderia ter apoio para a sua legalização, organização e inovação é visto como atrasado e indesejável. O modelo perseguido é o do *shopping center*, o monopólio, e não o pequeno e vivo comércio de rua ou o boteco da esquina.

O modelo é contra os pobres que estão longe de constituírem minoria em nossa sociedade. O modelo quer os pobres fora do centro como anunciou o jornal *Brasil de Fato*. Tudo isso é óbvio. O que não parece ser óbvio é que, em última instância, como diria Althusser, a determinação disso tudo é econômica. A centralidade é a produção do espaço urbano e a mola propulsora, a renda imobiliária. E depois dizem que Marx está morto.

Taboão da Serra (SP), 2013

GLOBALIZAÇÃO E POLÍTICA URBANA NA PERIFERIA DO CAPITALISMO*

> Pedimos, por favor, não achem
> natural o que muito se repete!
> B. Brecht, 1929-1930**

Algumas perguntas podem nos ajudar a abordar um tema complexo como é o planejamento urbano e que está passando por uma grande mudança no mundo revolucionado pela reestruturação da produção capitalista iniciada no fim do século XX. Considerando que uma parte dos Estados Nacionais é mais frágil que muitas das maiores corporações mundiais, e que estas não têm muitos limites para expandir seus poderes e impor seus modelos, quais são as perspectivas de desenvolvimento de um planejamento territorial inspirado na diversidade cultural, social e ambiental de cada país e cada cidade? Considerando que o ideário neoliberal que acompanha a globalização impõe a desregulamentação e a privatização dos serviços públicos, eliminando a noção de subsídio, como

---

* Este texto foi publicado em língua inglesa no livro Valença, M.; Cravidão, F. e Fernandes J. A. R. *Urban developments in Brazil and Portugal*. New York: Nova Science, 2012. Em outra versão, foi publicado no livro MARCUSE, P. *et al*. *Searching for a just city*. London/New York: Routledge, 2009. Uma versão em português pode ser encontrada no livro *As metrópoles e a questão social brasileira* de L. C. de Q. Ribeiro e Orlando A. dos Santos Jr. Revan: Rio de Janeiro, 2007.
** Da peça teatral de Bertolt Brecht "A exceção e a regra", de 1929-1930.

planejar e implementar políticas voltadas para as necessidades da maior parte das populações dos países da periferia do capitalismo, que não faz parte do mercado privado?

Considerando que o capital financeiro internacional, dominante na atualidade, não pode submeter-se ao ritmo ou às incertezas das instituições democráticas nacionais e engendra novas instituições que decidem mais do que os próprios parlamentos nacionais ou tribunais superiores (volume dos superávits, taxas de juros, decisões sobre o câmbio, taxa de risco...), qual é o espaço que existe para o exercício do planejamento territorial, executado por meio de políticas públicas com participação social, que contraria interesses do novo imperialismo?

Considere-se ainda que essas mudanças conhecidas por globalização desabam sobre um sistema político que não se modernizou. Ao contrário, estamos nos referindo a sistemas políticos baseados no patrimonialismo, entendido como o uso pessoal da esfera pública e o exercício da política do favor (ou troca), dominado por uma forte oligarquia nacional. Considere-se ainda que essas mudanças desabam sobre uma sociedade que não universalizou os direitos sociais (previdência, saúde, educação) e mantém grande parte da população na informalidade sem acesso aos direitos trabalhistas. Qual a possibilidade dessa sociedade reverter o rumo do aprofundamento da desigualdade e da pobreza? Qual a possibilidade de implementar planos baseados em prioridades socioambientais, índices, indicadores e metas? Como assegurar a participação democrática e a implementação das decisões tomadas democraticamente?

Considerando que o novo imperialismo exacerba a importância dos polos urbanos e metropolitanos que já são importantes, e que o ideário neoliberal trouxe as marcas de competição entre cidades e fragmentação do território, qual a chance de desenvolver uma política de cooperativismo federativo?

Globalização e poder

Assim como o taylorismo e o fordismo moldaram um novo homem e uma nova sociedade, a globalização também está produzindo um novo homem e uma nova sociedade por meio de transformações nos Estados, nos mercados, nos processos de trabalho, na estética, nos produtos, nos hábitos, nos valores, na cultura, na subjetividade individual e social, na ocupação do território, na produção do ambiente construído e na relação com a natureza.

De fato, a hegemonia do fordismo acarretou grandes mudanças sociais ao disseminar uma forte disciplina para o trabalho sob o ritmo mecanizado e repetitivo da grande indústria. Horários rígidos, rotinas rigorosas, os gestos repetidos, a maquinaria impôs um ritmo muito distante da vida rural mediada pelas estações do ano ou pelas forças da natureza. Até a organização da vida familiar, a incorporação da mulher no mercado de trabalho, a penetração dos eletrodomésticos no ambiente doméstico, a generalização do uso individual do automóvel, todo um modo de vida foi sendo moldado, não sem muito conflito, acarretando mudanças na moradia e na cidade. Produção em massa de objetos padronizados para o consumo de massa passou a incluir os próprios operários (Gramsci, 1949).

A combinação do fordismo com o keynesianismo gerou o que Hobsbawm chama de "anos dourados", ou seja, um período de 30 anos (1940 a 1970) tido como sendo uma das maiores e mais importantes construções sociais da humanidade: o *Welfare State*.

> (...) só depois que passou o grande *boom*, nos perturbados anos 1970, à espera dos traumáticos 1980, os observadores – sobretudo, para início de conversa, os economistas – começaram a perceber que o mundo, em particular o mundo do capitalismo desenvolvido

passara por uma fase excepcional de sua história; talvez uma fase única (Hobsbawm, 1994, p. 253).

Como resultado da adequação do processo de acumulação capitalista ao avanço da luta dos trabalhadores, o Estado combinou controle legal sobre o trabalho com políticas que lhe asseguraram elevação do padrão de vida.

Essa rápida descrição se refere mais exatamente aos países capitalistas centrais (doravante PCC). Nos países periféricos do mundo capitalista (doravante PCP) o fordismo e o *Welfare State* não incluíram toda a sociedade[*]. Os padrões do urbanismo modernista foram aplicados a uma parte das cidades, formando verdadeiras "ilhas de primeiro mundo" cercadas de ocupações ilegais, promovidas pelas favelas, cortiços e loteamentos clandestinos.

O fordismo periférico constituiu a transferência de indústrias, máquinas, tecnologia e produtos (com seus desenhos e portanto valores culturais e estéticos a ele incorporados) para alguns grandes centros metropolitanos, visando, inicialmente, o mercado interno dessa periferia capitalista. Em vários países esse processo de substituição de importações teve algum controle endógeno, ganhou caráter nacionalista e ficou conhecido como período desenvolvimentista.

---

[*] José Luís Fiori nota que a terminologia que acompanha a classificação dos países periféricos no mundo capitalista mudou – de "países subdesenvolvidos", para "países dependentes", em seguida para "países em desenvolvimento", depois para "países do sul" e, finalmente, "mercados emergentes", que é como os batizou o capital financeiro internacional na era da globalização (Fiori, 1995). A terminologia é reveladora. Para uma melhor compreensão dos conceitos de núcleo central, periferia e semiperiferia, ver Arrighi, 1995. Entretanto, para os objetivos deste texto, não será necessário diferenciar os países periféricos dos semiperiféricos.

Muitas críticas ao modelo fordista keynesiano somaram-se às determinações que estão na esfera da produção e da acumulação de capitais (crise de fundos, de mercados, de lucratividade e fiscal, que se somaram à crise do petróleo), para definir seu declínio. Harvey lembra a emergência da luta das mulheres, o movimento contracultural e anticonsumo (conhecido pelo aparecimento dos *hippies* na cena mundial, em especial americana), a crítica à pobreza do funcionalismo modernista (Jacobs, 1961 e Berman, 1982), os insatisfeitos do terceiro mundo que lutaram pela independência, dentre outras manifestações.

Rigidez é a marca que, contraditoriamente, caracteriza esse período de relativo bem-estar social: rigidez nos investimentos em capital fixo, larga escala e longo tempo; rigidez no mercado de trabalho, contratos, direitos trabalhistas; rigidez na estrutura e ação do Estado. Flexibilização é uma das marcas da mudança que se inicia nos anos 1970, visando acelerar o tempo de giro do capital: flexibilização da estrutura produtiva em relação ao território, flexibilização da organização da unidade de produção (que se fragmenta), flexibilização nas relações de trabalho, flexibilização e diversificação dos produtos, flexibilização dos mercados. A informação, o conhecimento, a marca, a mídia ganham mais importância em um mundo impactado pela velocidade, pelo efêmero, pelo espetáculo, tudo isso alimentado por significativos avanços tecnológicos.

A flexibilização chegou também ao Estado e a seu papel regulador. O liberalismo renasceu com a nova condição. À crise fiscal, a primeira Ministra inglesa Margareth Thatcher (1979) e o presidente americano Ronald Reagan (1980) responderam com ataque aos salários reais e aos sindicatos. A hegemonia da globalização significou o desmonte do *grande* Estado provedor, do *grande* e poderoso sindicato de trabalhadores e do *grande* capital produtivo fordista. Mas, acima de tudo, ela significou o primado do mercado.

Com ela, também os tradicionais partidos políticos foram atingidos, o que foi fatal para as forças de esquerda. Novos personagens entraram em cena: ONGs, ambientalistas, mulheres, entidades de luta pela igualdade racial, entidades de luta pelos direitos dos homossexuais, direito das etnias etc. A democracia burguesa ou representativa também passa a ser contestada, assim como os partidos são esvaziados.

O tratamento glamouroso que a mídia e muitos intelectuais atribuíram à globalização e às chamadas cidades globais foi dando lugar, com o passar do tempo e com a apropriação capitalista das novas tecnologias, a uma realidade cruel: aumento do desemprego, precarização das relações de trabalho, recuo nas políticas sociais, privatizações e mercantilização de serviços públicos, aumento da desigualdade social. Diferentemente da desigualdade social ou inserção social precária existentes anteriormente à globalização, após sua dominação hegemônica ganha destaque uma marca, a da exclusão social: bairros são esquecidos, cidades são esquecidas, regiões são esquecidas e isso acontece até mesmo com países que são ignorados, já que não contam para a nova ordem.

Uma nova dinâmica regional é construída sob forte determinação externa, por meio de ações que desrespeitam culturas locais ou nacionais, ignoram a ética, etnias, raças, religiões ou a sustentabilidade ambiental (Harvey, 2003; Stiglitz, 2002; Ocampo e Martin, 2003). Para quem não é o império ou seu aliado, a globalização é um grande tsunami que varre o que encontra pela frente. A ofensividade utilizada para a disseminação da semente transgênica e da *"terminator"* (impossível de ser replantada, o que garantiria, no caso de sua generalização, às corporações globais, o controle total sobre a produção de alimentos no mundo) revela a falta de limites éticos das forças globais (ETC Group, 2015).

A certeza de segurança pessoal e familiar no futuro, a tranquilidade, a esperança deram lugar à incerteza que acompanha agora as novas gerações. Mesmo nos Estados Unidos, onde a paz social continua a ser mantida por um exagerado padrão de consumo, a pobreza aumentou, como revela Harvey (2003).

Os Estados não foram diminuídos como fez crer o ideário neoliberal, mas adaptaram-se às exigências das grandes corporações e do capital financeiro. Enfraqueceram-se apenas em relação às políticas sociais. Naquilo que interessa a estes agentes hegemônicos, os Estados foram fortalecidos com a ajuda midiática. As suspeitas ações de privatização de empresas públicas no Brasil, largamente financiadas pelo próprio Estado no início dos anos 1990, foram precedidas de uma ampla campanha na mídia envolvendo inclusive os comunicadores mais populares, encarregados de desmoralizar o Estado e exaltar a capacidade da iniciativa privada (Biondi, 1999).

Segundo Ball e outros (1988), uma importante característica do *Welfare State* nos PCCs foi a produção massiva de moradias, marcadas pela padronização e alta densidade, com forte subsídio estatal. O investimento na extensão da infraestrutura urbana combinou-se ao planejamento urbano e ao controle fundiário. Grandes empresas de construção e grandes sindicatos (com participação significativa de força de trabalho imigrante) participaram dessa extensa construção.

Após 1975, diminui o investimento estatal, aumentam os preços, aumenta a atividade especulativa e aumenta a complexidade com a flexibilidade na promoção e na produção. Segundo os mesmos autores, aumentam ainda as atividades de subcontratação, ao lado da queda no investimento em capital fixo. Toda essa mudança é acompanhada do declínio do poder sindical (Ball *et al.*, 1988).

A palavra subsídio é praticamente varrida dos documentos oficiais.

O impacto da globalização nos países periféricos*

Se o impacto da globalização sobre o mundo desenvolvido foi forte, que dizer do impacto que sofreram e sofrem nações onde a maior parte da população nunca conheceu os direitos universais: emprego, previdência, saúde, educação, habitação.

A globalização aprofunda e diversifica a desigualdade numa sociedade histórica e tradicionalmente desigual. Faz muita diferença iniciar o processo de reestruturação produtiva a partir de uma base de pleno emprego ou de direitos universais relativamente extensivos, em vez de uma base na qual os direitos são privilégios de alguns.

Para os PCCs, a globalização significou a quebra do contrato social, e para os PCPs significa uma nova relação de dominação e exploração. Um bem engendrado modelo de construção de hegemonia foi colocado em prática por meio do Consenso de Washington**.

---

* Apesar da sensível diferença, para os objetivos deste texto não faremos uma distinção entre os países periféricos dos semiperiféricos. Devido à nossa experiência profissional, acadêmica e política, a América Latina é usada como referência privilegiada.

** Com base no documento *Washington Consensus* de John Williamson, foi colocada em prática uma ampla estratégia de formação de quadros voltados para a tarefa de implementar o ajustamento das economias periféricas. Cf. Williamson, 1990. Sua fórmula resultou de uma reunião realizada em 1989, na qual tomaram parte o governo americano, representantes das organizações financeiras internacionais e representantes dos países "emergentes". Para estes, a receita era uma só: estabilização macroeconômica com superávit fiscal primário, reestruturação dos sistemas de

Como foi mencionado acima, as forças globais têm dificuldade de convivência com as instituições democráticas de cada país. Forjaram a ferro e a fogo, com a ajuda de uma certa mídia bem paga, instituições que mandam mais do que os congressos nacionais. Senão vejamos: os Bancos Centrais interferem profundamente na vida dos países e não prestam contas a ninguém. Seus diretores são ilustres desconhecidos e suas reuniões, inacessíveis, geram atas burocráticas e indecifráveis até para muitos economistas. Ninguém ali foi eleito democraticamente. Não é por outro motivo que um dos pontos da agenda neoliberal é a *autonomia dos Bancos Centrais em relação aos governos ou qualquer outra instituição nacional*.

O "risco país" é um indicador que tem mais prestígio do que a distribuição de renda; paira como uma espada sobre a cabeça de cada país. Como é definido? Quem o define? Quais os critérios para sua definição?

Nos Ministérios da Fazenda há um conjunto de profissionais que podem não conhecer profundamente a realidade social e territorial de seu próprio país, mas foram preparados e organizados para uma missão e a cumprem com muito profissionalismo e absoluta objetividade. Seu papel ideológico é claro e mal disfarçam as orientações que podem ser encontradas no texto resultante do Consenso de Washington. Exercem seu poder sobre os demais ministérios e demais entes federativos com o máximo de rigor[*].

---

previdência, liberalização financeira e comercial e privatizações. Após isso tudo, a receita previa a retomada dos investimentos e o crescimento econômico, o que não ocorreu. Em Williamson, 1994, visava-se dar uma orientação política complementar para o exército de ativistas do neoliberalismo.

[*] Como integrante da equipe que criou o Ministério das Cidades e vice-ministra do governo Lula, a autora pôde acompanhar, por três anos (2003/2005), a prática desses ativistas do neoliberalismo no interior da máquina governamental do Brasil.

A metodologia utilizada para o cálculo dos gastos públicos constitui um capítulo à parte. Investimentos são contabilizados como gastos (por exemplo: recursos dirigidos para obras de infraestrutura voltadas para a produção), deprimindo a capacidade de gastos do Estado. Da metodologia contábil à terminologia utilizada, todos os detalhes obedecem à lógica da dominação e dos interesses globais.

É surpreendente o sucesso da estratégia de formar formuladores de políticas para os PCPs. Banco Internacional para Reconstrução e Desenvolvimento (Bird), Banco Interamericano de Desenvolvimento (BID) e Organização para Cooperação e Desenvolvimento Econômico (OCDE) são algumas das entidades que se organizaram para essa tarefa de "*capacity building*". Todo empréstimo feito pelas agências multilaterais (que aliás os oferecem como se fossem uma benesse) exige a contrapartida da aplicação dos itens previstos no Consenso de Washington. Em outras palavras, tratava-se de "fazer a cabeça" dos quadros locais.

Para o sucesso dessa tarefa, eles contaram com a ajuda de uma tradição nos países periféricos: a do mimetismo intelectual, ou seja, a valorização das propostas de origem externa e o desprestígio das propostas endógenas.

A memória intelectual e profissional endógena nos PCPs é constantemente solapada ao longo da história. A convivência secular com ideias provenientes do exterior frequentemente os coloca diante de uma matriz histórica postiça ou virtual. Em especial no campo da cultura, vivem-se as "ideias fora do lugar": um conjunto de valores, ideias, símbolos e formas deslocados da base produtiva. Problemas importantes são trazidos à baila recorrentemente, mas permanecem sem solução. De tempos em tempos, seu enfrentamento é retomado sem considerar o acúmulo do conhecimento desenvolvido pelas gerações anteriores. O *glamour* de prestigiadas universidades estrangeiras é irresistível*. Com uma tal tradição acadêmica e profissional, não é de se estranhar que essa proposta tenha formado um verdadeiro exército de ativistas em todo o mundo. Discorrendo sobre a pressão que os países ricos fazem sobre os países pobres para que estes adotem "boas políticas" e "boas instituições", Chang apresenta evidências empíricas sobre os resultados negativos dessa influência. Os países pobres cresceram mais quando não seguiram as receitas neoliberais do "*establishment* internacional da política de desenvolvimento". A China e a Índia, que apresentam alto crescimento, não seguem essa receita.

Assim, parece que estamos diante de um 'paradoxo' – pelo menos para quem não é economista neoliberal. Todos os países, mas principalmente os países em desenvolvimento, cresceram muito mais rapidamente no período que aplicaram políticas 'ruins', entre 1960 e 1980, do que nas duas décadas seguintes quando passaram a adotar as 'boas'. A resposta óbvia para tal paradoxo é reconhecer que as políticas supostamente 'boas' nada têm de benéfico para os países em desenvolvimento, ao contrário, na verdade é provável que as políticas 'ruins' lhes façam bem quando efetivamente implementadas (Chang, 2002, p. 214).

O legado do patrimonialismo

Mas não são apenas os recentes processos desencadeados pela globalização que dificultam o planejamento urbano nos PCPs. Refiro-me aqui mais exatamente aos latino-americanos que passaram pela colonização ibérica.

---

* Alguns brilhantes intelectuais brasileiros refletiram sobre esse assunto, como Roberto Schwarz (autor da expressão "as ideias fora do lugar"), Florestan Fernandes e Celso Furtado.

Na América Latina, a desigualdade social é resultado de uma herança de cinco séculos de dominação externa que se combina, internamente, a elites com forte acento patrimonialista. As características do patrimonialismo poderiam ser sucintamente descritas como as seguintes: a) a relação de favor ou de troca é central no exercício do poder; b) a esfera pública é tratada como coisa privada e pessoal; c) existe correspondência entre detenção de patrimônio e poder político e econômico*. Clientelismo, coronelismo, oligarquia ou caudilhismo são os conceitos estreitamente ligados ao patrimonialismo.

A corrupção generalizada e notável na AL é um subproduto do exercício de poder que passa pela esfera pessoal, mantendo no sistema político e no Judiciário características de atraso e de pré-modernidade. As relações pré-modernas sobrevivem durante os processos de modernização, industrialização e urbanização dos países.

Nesse ambiente, a aplicação da lei segue caminhos imprevisíveis quando se trata de contrariar interesses dominantes. Leis progressistas podem resultar em decisões conservadoras, já que os julgamentos não ignoram as relações pessoais ou de compadrio. Isso ocorre com os proprietários de terra, como veremos em seguida. E sempre é importante lembrar que a terra ocupa uma posição-chave na formação das sociedades latino-americanas.

Outras características das forças do atraso a serem lembradas aqui são o papel do discurso ou da retórica para o exercício do mando; e a distância que separa a retórica (representada por uma lei, um plano, um projeto) da prática**. Nos parlamentos

---

* Parte dessa descrição pode ser encontrada em Faoro, 1989.
** Ver a respeito nos livros do ficcionista brasileiro do século XIX Machado de Assis e as críticas de Roberto Schwarz à sua obra.

latino-americanos, dificilmente um parlamentar reconhece-se como conservador. A esmagadora maioria declara-se de centro esquerda. As academias também não deixam de apresentar essas características, que fazem parte da alma latino-americana. Vários autores se detiveram em analisar as características específicas desse capitalismo "*sui generis*" que subordina toda a sociedade, mas se alimenta de relações não capitalistas. Citando as "discrepâncias internas" das sociedades latino-americanas, Canclini (1990) lembra que "diferentes temporalidades históricas convivem em um mesmo presente". Celso Furtado (1995) referiu-se às características de "defasagem e contemporaneidade". Francisco de Oliveira emprestou de Trotsky a referência ao "desigual combinado" (1972). Florestan Fernandes (1975) lembra que se trata de "modernização com atraso" ou "desenvolvimento moderno do atraso". Várias são as análises que constatam a persistente preservação das oligarquias durante o processo de modernização[*].

Não está suficientemente claro e nem existem suficientes trabalhos que tratem do impacto da globalização sobre essas forças do atraso. Por outro lado, no Brasil é possível observar um recrudescimento (ou pelo menos a manutenção) do clientelismo e da corrupção envolvendo o sistema político após os anos de ditadura e em especial após os anos 1990. Nossa hipótese é de que a perda de poder real dos parlamentos para os executivos e para as instituições comandadas pelo figurino global reforça as relações baseadas na troca, e reforça o papel da retórica e do *marketing* na atividade parlamentar. A hipótese explicitada

---

[*] Vários desses autores estão repensando acerca do significado das forças do atraso sob a globalização. Ver, por exemplo, a reformulação da marca do "desigual combinado" atribuída aos países da AL em Oliveira, 2003.

aqui é que esse patrimonialismo é funcional para a globalização, e quando não o é, seus representantes são simplesmente marginalizados das decisões importantes. Mas essa questão deve ser desvendada por mãos mais competentes do que as de uma urbanista.

Os paradoxos das cidades periféricas*

As cidades, e em especial nas metrópoles dos PCPs, constituem uma fonte excelente para evidenciar os contrastes e contradições referidos anteriormente.

Uma proporção maior ou menor da população urbana, dependendo de cada país, é excluída do direito à cidade e do mercado formal (capitalista), e busca acesso à moradia por meio de seus próprios e precários recursos. Mesmo sem contar com levantamentos rigorosos (desconhecemos um país do mundo periférico que tenha contabilidade rigorosa sobre a moradia dos excluídos), podemos dizer que a maior parte da população urbana constrói suas casas sem o concurso de conhecimento técnico (de engenharia e arquitetura), sem financiamento formal e sem respeito à legislação fundiária, urbanística e edilícia. Essa prática, dita de autoconstrução, foi central para o barateamento da força de trabalho nacional (o custo da moradia não estava incluído no salário), especialmente durante o período desenvolvimentista, quando a indústria fordista se instalou nos PCPs, em busca de seus mercados internos. E a autoconstru-

---

* Não vamos nos deter nos dados quantitativos que mostram a tragédia urbana mundial, em especial nos PCPs, nem na evidente piora do impacto que a globalização tem acarretado em um processo de urbanização crescente no mundo. Ver, a respeito, abundantes dados quantitativos em Davis, 2006. Ver ainda os documentos de UN-Habitat, Eclac, Global Urban Observatory, citados na bibliografia.

ção continua como aspecto central na globalização. Apesar de incluído no sistema produtivo capitalista, o trabalhador (parte da População Economicamente Ativa) é excluído do mercado residencial capitalista.

O mercado residencial privado, tal como se apresenta na AL, contribui para a carência generalizada de moradias. Se nos PCCs o mercado privado atende 80% da população, em média, sendo que 20% depende do subsídio público, nos PCPs o mercado privado tem alcance restrito, é socialmente excludente e altamente especulativo. No Brasil, assim como em muitos países da AL, estima-se que apenas 30% da população tenha acesso à moradia no mercado privado[*]. Nem mesmo aquilo que poderia ser classificado como classe média (5 a 10 salários mínimos) tem acesso à moradia por meio do mercado privado.

Por outro lado, o Estado tem práticas de investimento regressivo definidas por interesses diversos. Queremos lembrar aqui três linhas de orientação do investimento público urbano: a) aquela orientada pelos interesses do mercado imobiliário, cujo motor é a valorização imobiliária; b) aquela definida pelo *marketing* urbano, cujo motor é a visibilidade; e c) aquela definida pela relação clientelista, que responde a interesses eleitorais. Essa última pode até implicar investimentos em áreas pobres, mas subverte uma orientação de investimento que poderia ser dada pelo planejamento urbano.

As alternativas de habitação, que incluem infraestrutura e serviços urbanos, demandadas pela maior parte da população

---

[*] Esta estimativa muda, no Brasil, com o Programa Minha Casa Minha Vida, a partir de 2009, que ampliou o acesso à classe média, por meio do financiamento à casa própria.

não são encontráveis nem no mercado, nem nas políticas públicas.

As áreas ambientalmente frágeis – beiras de córregos, rios e reservatórios, encostas íngremes, mangues, áreas alagáveis, fundos de vale –, que, por essa condição, merecem legislação específica e não interessam ao mercado legal, são as que "sobram" para a moradia de grande parte da população. As consequências dessas gigantescas invasões são muitas: poluição dos recursos hídricos e dos mananciais, banalização de mortes por desmoronamentos, enchentes, epidemias etc.

Essa dinâmica é cada vez mais insustentável devido ao nível de comprometimento ambiental urbano. Mas ela é cada vez mais acentuada, a partir dos anos 1940, pelo processo de urbanização intenso que fornece mão de obra barata para a industrialização.

A urbanização dispersa nas cidades dos PCPs, decorrente da expulsão da população pobre para a periferia, é causa de outro conjunto de sérias consequências sociais e ambientais. A urbanização dispersa que ocorre, por exemplo, nos Estados Unidos e Canadá tem consequências ambientalmente insustentáveis, mas não submete a população dos subúrbios, que tem automóveis, ao sacrifício de vencer longas distâncias a pé como acontece nos PCPs. Nestes, as viagens a pé para vencer longas distâncias têm aumentado significativamente, como evidenciou o Fórum das ONGs da área de transportes na Conferência Habitat II (Istambul, 1996).

Ninguém desconhece o papel que a propriedade da terra ocupa no exercício histórico do mando na AL, até mesmo em países que fizeram uma reforma agrária no começo do século XX, como o México ou Peru e Bolívia, mais tarde. O que se nota, neles, é um completo recuo nas reformas nacionalistas. Noutros países como o Brasil, a industrialização tardia conviveu o tempo todo com a manutenção do latifúndio improdutivo. A retenção de terras improdutivas é uma das características do patrimonialismo e um dos maiores problemas do campo e das cidades latino-americanas, pois dificulta a ocupação sustentável e justa do território*.

Marcuse destaca que a globalização afeta todas as cidades, em todo o mundo, sejam elas ganhadoras, perdedoras ou *outsiders*. O espraiamento crescente de usos urbanos pelo território desafia conceitos tradicionais sobre o que é urbano e o que é rural. Os empreendimentos imobiliários são crescentemente mais fechados ou constituem espaços crescentemente fragmentados (*clusters*, guetos e cidadelas ou *citadels*). Se a mobilidade do capital aumentou, a mobilidade entre as classes sociais declinou. Os excluídos, lembra Marcuse, são diferentes dos informais. As áreas de chegada na cidade foram esquecidas, e atualmente temos mais de uma geração convivendo com a falta de perspectivas de acesso ao emprego e à previdência. Enfim, aumenta a separação entre classes e a segmentação no espaço (Marcuse, 1997).

A representação da cidade é uma ardilosa construção ideológica, na qual parte dela, a "cidade" da elite, toma o lugar do todo. Guy Debord lembra que a sociedade do espetáculo é a sociedade do monólogo, verdadeira fábrica de alienação (Debord, 1992). Essa constatação não é nova, mas ganha radicalidade sob a globalização. Lembremos que, um ano após a tragédia que fez submergir os bairros pobres de New Orleans, eles ainda se encontravam em ruínas, enquanto as áreas mais ricas já estavam recuperadas.

---

* Sobre a questão fundiária e imobiliária urbana na AL, ver trabalhos e eventos promovidos pelo Lincoln Institute of Land Policy, em parceria com entidades latino-americanas. Disponíveis em: <http://www.lincolninst.edu/>.

Se nas cidades dos PCCs os pobres têm pouca visibilidade, nos PCPs eles são praticamente invisíveis. A nova fragmentação convive com a manutenção da velha segregação, cujas conotações de gênero, raça e etnia têm se aprofundado. O melhor exemplo disso talvez não seja latino-americano, embora a AL esteja plena desses exemplos, mas sul-africanos.

A África do Sul é um país medianamente industrializado, onde a dominação imperialista assumiu contornos raciais. Suas cidades impressionam pelo luxo dos bairros exclusivamente residenciais unifamiliares, como é o caso de grande parte de Johanesburgo. Alguns bairros de Joburg, como a chama o *marketing* urbano, fazem lembrar as cidades mais ricas do mundo, se não fosse a carga de anúncios sobre segurança, cercas, cães, muros, grades etc. Com exceção do *downtown*, onde há predominância de negros, para se acessar um bairro negro (*townships* ou favelas), é preciso, frequentemente, tomar as rodovias que deixam a "cidade"*. As aspas pretendem lembrar a crítica que Flávio Villaça faz à representação ideológica da cidade. O conceito de "cidade" se relaciona ao local de moradia da elite: o todo é tomado pela parte, ou seja, os bairros que compõem a imagem hegemônica de cidade (Villaça, 1999).

Segundo Andrew Boraine (*Cape Town City Partnership*), a cidade sul-africana do Cabo, fascinante pela sua beleza, tem dois terços de sua população em favelas e *townships*. Mas, excetuando as margens da rodovia que vai do aeroporto à "ci-

---

* Alexander é a única grande favela que fica no interior da "cidade" de Johanesburgo, mas é praticamente invisível de fora, pois está quase que totalmente inserida numa microbacia hidrográfica. *Townships* é o nome que se dá aos conjuntos habitacionais gigantescos construídos para a moradia dos negros na África do Sul durante o *apartheid*. A *township* mais conhecida é Soweto, palco principal da luta contra o regime de segregação racial.

dade" do Cabo, esses dois terços são totalmente invisíveis para a maior parte da população branca. O que salta aos olhos para o visitante é a beleza e o luxo da cidade praiana. Khayelitsha, a maior *township*, que fica nos arredores da "cidade" do Cabo, é acessível por rodovia ou ferrovia. Ela tem aproximadamente 600 mil moradores. Trata-se de uma ocupação horizontal extensiva de casas unifamiliares em pequenos lotes, que conta com infraestrutura urbana básica, parcos equipamentos públicos e poucas edificações destinadas a outros usos que não residencial. É um exemplo gigantesco dos criticados conjuntos habitacionais fordistas que funcionam mais como depósitos de gente ou de força de trabalho barata e negam a "festa urbana" demandada por Lefebvre em sua clássica obra *O direito à cidade**. Khayelitsha não é tomada como parte da "cidade" do Cabo.

É evidente que a publicidade insistente e a mídia, de um modo geral, têm um papel especial na construção da representação ideológica da cidade, destacando os espaços de distinção. É evidente também que essa representação é um instrumento de poder – dar aparência de "natural" e "geral" a um aspecto que é parcial e que nas cidades está associado aos expedientes de valorização imobiliária. Nunca é demais lembrar que a proximidade de pobres acarreta a desvalorização imobiliária ou fundiária.

A invisibilidade dessa "não cidade" tem decisiva influência na formação das consciências. Os excluídos da cidade hegemônica são tomados como uma minoria e não como maioria da população, como de fato são em muitos PCPs. Repetindo Brecht: "A exceção virou regra e a regra, exceção", mas isso é negado pelo que os olhos veem (Brecht, 1929).

---

* Ver informação sistematizada em Harrison, Huchzermeyer, Mayekiso, 2003. E também em Mabin, 1995.

A ocupação ilegal de terras e edifícios parece estabelecer ou fundamentar a generalização da ilegalidade nas relações sociais. Não há leis, cortes e nenhum tribunal para resolver disputas entre vizinhos em favelas, ou nos chamados loteamentos clandestinos, ou piratas. A ausência do Estado, particularmente do aparato judicial e institucional, dá espaço para as novas "leis", que são ditadas pelos "chefes locais". Alguns anos depois, essa organização local cresce em direção aos anéis regionais e internacionais do crime organizado. Nossa hipótese é que nessas áreas ou regiões "esquecidas", a ilegalidade urbana, e não somente a exclusão social, contribui para o expressivo aumento da violência no mundo inteiro, e particularmente nos PCPs (WHO, 2015).

A crescente violência urbana é o sinalizador mais visível da cidade real, ao extravasar os espaços da pobreza e da segregação (evidentemente mais violentos) e buscar os espaços distinguidores da riqueza. Mas ela é por demais evidente em nossas cidades para que nos ocupemos dela aqui.

Planejamento urbano e globalização

Após um século e meio de vida, a matriz de planejamento urbano modernista, que orientou o crescimento das cidades dos PCCs, dá lugar às propostas neoliberais que acompanham as mudanças globais. O modelo modernista, definidor de padrões holísticos de uso e ocupação do solo, apoiado na centralização e na racionalidade do aparelho de Estado, foi aplicado a apenas uma parte das cidades nos PCPs, resultando no que podemos chamar de modernização incompleta.

Como convém a um país onde as leis são aplicadas de acordo com as circunstâncias, o chamado Plano Diretor está desvinculado da gestão urbana. Discurso pleno de boas intenções, mas distante da prática. Conceitos reificados, reafirmados em seminários internacionais, ignoram a maioria da população. A habitação social, o transporte público, o saneamento e a drenagem não têm o *status* de temas importantes (ou centrais, como deveria ser) para tal urbanismo.

O resultado é: planejamento urbano para alguns, mercado para alguns, lei para alguns, cidadania para alguns... não se trata de direitos universais, mas de privilégios para poucos (Castro e Silva, 1997).

O planejamento urbano modernista funcionalista, importante instrumento de dominação ideológica, contribuiu para a consolidação de sociedades desiguais ao ocultar a cidade real e preservar condições para a formação de um mercado imobiliário especulativo e restrito a uma minoria. Abundante aparato regulatório (leis de zoneamento, código de obras, código visual, leis de parcelamento do solo inspirado em modelos estrangeiros) convive com a radical flexibilidade da cidade ilegal, fornecendo o caráter da institucionalização fraturada, mas dissimulada (Maricato, 1996). Uma permanente tensão se estabelece entre a condição legal e a condição ilegal; e o que elas representam para as instituições encarregadas do controle da ocupação do solo, financiamento habitacional, preservação ambiental, entre outras. As oligarquias locais tiram proveito dessa aplicação discriminatória da lei, utilizando-a de forma ambígua e arbitrária. Inseguras por ocupar uma terra em condição ilegal, as comunidades se submetem à proteção de partidos, parlamentares ou governantes, alimentando a relação clientelista[*].

---

[*] Durante o *Congreso Nacional de Suelo Urbano*, ocorrido na Cidade do México, vários depoimentos de pesquisadores e autoridades municipais repetiram essa constatação da dificuldade de implementação dos Planos Diretores devido à falta de controle sobre o uso do solo e comprovaram essa relação frequente entre os moradores ilegais e políticos parlamentares ou governistas. Cf. Unam/Lilp, 2005.

Não é por falta de Planos Urbanísticos que as cidades periféricas apresentam problemas graves. Mas porque seu crescimento se faz ao largo dos planos aprovados nas Câmaras Municipais, seguindo interesses tradicionais que comandam a política local e grupos específicos ligados ao governo de plantão. O "plano-discurso" cumpre um papel ideológico (Villaça, 1999) e ajuda a encobrir o motor que comanda os investimentos urbanos.

O que poderia ser uma oportunidade de desenvolvimento de propostas endógenas mais sensíveis à práxis urbana da cidade periférica – o fim do planejamento funcionalista modernista – dá lugar a um outro movimento de dominação técnica, cultural, ideológica e política da periferia do capitalismo: o Plano Estratégico.

Do "Consenso de Washington" ao "Plano Estratégico"

As cidades têm um novo papel no mundo globalizado. Essa afirmação tem sido utilizada para vários e diferentes propósitos. Uma prestigiada bibliografia, que levou seus autores a uma situação quase hegemônica no mercado da consultoria internacional, esclarece que não é qualquer cidade que atinge o *status* de "cidade global". Somente alguns poucos centros onde os destinos do mundo são definidos e que concentram certas características: sedes das grandes corporações empresariais, centros de pesquisa e criação em informática e comunicação, mão de obra qualificada, centros universitários, atividades culturais e artísticas de vanguarda, serviços sofisticados etc. Não faltam aqueles que oferecem, a preços não tão módicos, fórmulas capazes de conduzir qualquer cidade ao pódio restrito das *fashionable* cidades globais.

Uma dessas propostas, que recebeu a denominação de Plano Estratégico e inspirou-se no urbanismo da Barcelona dos Jogos

Olímpicos, foi comprada na América Latina como grande salvadora das cidades. Apesar da roupagem democrática e participativa, as propostas dos "planos estratégicos" combinaram-se perfeitamente ao ideário neoliberal que orientou o "ajuste" das políticas econômicas nacionais, por meio do Consenso de Washington. Uma receita para os países e outra para as cidades se adequarem aos novos tempos de reestruturação produtiva no mundo; ou, mais exatamente, aos novos tempos de *ajuste* da relação de subordinação às novas exigências do processo de acumulação capitalista, sob o império americano[*].

Ao nível local, o "Plano Estratégico", já mencionado, cumpre um mesmo papel de desregular, privatizar, fragmentar e dar ao mercado um espaço absoluto. Ele reforça a ideia da cidade autônoma, a qual necessita instrumentar-se para competir com as demais, na disputa por investimentos, tornando-se uma "máquina urbana de produzir renda" (Arantes, 2000). A cidade como "ator político" deve agir corporativamente com esse fim (leia-se, minimizando os conflitos internos), para sobreviver e vencer. Trata-se da "cidade corporativa" ou da "cidade pátria", que cobra o esforço e o "consenso" de todos em torno dessa visão abrangente de futuro[**]. Para tanto, ela deve preparar-se e apresentar alguns serviços e equipamentos exigidos de todas as cidades globais, tais como hotéis cinco estrelas, centros de convenções, polos de pesquisa tecnológica, aeroportos internacionais, megaprojetos culturais etc., para vender-se com compe-

---

[*] Sobre a tendência do "Plano Estratégico", ver etimologia e a crítica em Vainer, 2000.
[**] Molotch já havia definido em 1976 o conceito de "máquina do crescimento", que foi retomado uma década depois por Logan, em 1986, para explicar a construção de um pacto social que, minimizando os conflitos locais, atua em defesa de cada cidade, no ambiente competitivo.

tência. Trata-se agora da "cidade mercadoria" (deve vender-se) e da "cidade-empresa" (que deve ser gerenciada como uma empresa privada competente) (Vainer, 2000).

O uso da imagem e da cultura é central no Plano Estratégico. A arquitetura-espetáculo tem se prestado a esse papel, como mostra Otília Arantes (2000). Abandona-se a abordagem holística modernista no planejamento, por uma apropriação simbólica de novas localizações (ou antigos espaços renovados) que, obviamente, está relacionada com a valorização imobiliária.

Alguns fatores contribuíram para o sucesso de venda do "Plano Estratégico" até mesmo entre municipalidades progressistas[*]. A participação democrática é extremamente valorizada em suas diretrizes. Mas, como demonstra Vainer, o convite à participação nesse modelo implica subordinar os interesses de muitos aos interesses hegemônicos: unidade para salvar a cidade e levá-la a uma vitória sobre as demais que competem pelos mesmos investimentos. O "Plano Estratégico" deixou de lado ainda os detalhes de um urbanismo burocrático que, de fato, frequentemente engessou as cidades, dificultando soluções diversificadas e específicas que levassem em conta as potencialidades e as redes comunitárias e sociais locais. Ao mesmo tempo, ele trouxe a perspectiva de um novo papel político e econômico para as prefeituras e para o planejamento urbano. Nesse sentido, a nova proposta parecia trazer uma saída para os governos municipais que não sabiam o que fazer diante do

---

[*] Dentre os vários municípios no Brasil que contrataram o "Plano Estratégico" no final dos anos 1990, está o de Santo André governado pelo Partido dos Trabalhadores, o que deu origem a um debate acirrado sobre planejamento urbano. As três maiores cidades da Argentina depois de Buenos Aires – Córdoba, Rosário e Bahía Blanca – contrataram "Planos Estratégicos" com os mesmos consultores catalães.

aumento do desemprego e das demandas sociais, da guerra fiscal e da diminuição dos recursos públicos federais.

Que fazer?
Diante das limitações de ordem externa (globais) e de ordem interna (as forças do atraso), pergunta-se qual a viabilidade do planejamento urbano comprometido com a democracia, a sustentabilidade e a justiça social nos PCPs?

Que fazer com os bairros ilegais e violentos, sobre os quais o Estado não tem controle?

Como enfrentar o mercado imobiliário altamente especulativo e excludente, garantindo o direito à cidade para todos? Como implementar a função social da propriedade contra os interesses da valorização imobiliária?

Que fazer com as áreas ambientalmente frágeis, ocupadas pela moradia pobre? Quando remover ou quando e como consolidar as ocupações ilegais? Quais são os padrões mínimos de habitabilidade para a urbanização dessas áreas ocupadas ilegalmente?

Como fazer, objetivamente, o controle do uso do solo (um dos setores mais corruptos das gestões municipais na AL), protegendo áreas ambientalmente frágeis e ampliando o acesso à moradia legal?

Como ampliar o saneamento e o transporte coletivo se grande parte da população não pode pagar por ele? Qual a melhor matriz tecnológica a ser usada em cada caso?

Não nos esqueçamos que as respostas a esses problemas não são encontráveis na próxima esquina e muito menos em qualquer grande prestigiosa universidade americana ou europeia. Isto não que dizer que não tenhamos o que aprender com os PCCs, mas é importante lembrar que eles nunca enfrentaram problemas idênticos decorrentes de um processo de urbanização avassalador (como no caso da América Latina), que convive, no mesmo território nacional e frequentemente na mesma cidade, com realidades pós e pré-modernas. As soluções encontradas nos PCCs podem e devem ser aproveitadas, já que constituem investimentos em conhecimento acumulado e experiências que apresentam lições a serem aprendidas, mas também devem merecer, no mínimo, a mediação do confronto com as realidades regionais e urbanas dos PCPs. O que pode ser uma novidade é a troca entre experiências desenvolvidas no interior dos próprios PCPs.

Queremos lembrar aqui algumas condições que poderiam ajudar a construir um ambiente mais adequado ao planejamento urbano dos PCPs, na sociedade global. Esses pontos não podem ser tomados como uma receita. Assim como rejeita-se a transposição acrítica de modelos, deve-se ter prevenção contra as receitas. Trata-se de observar alguns pontos que podem ser generalizáveis, embora nunca suficientes.

1) Dar visibilidade à cidade real ou desconstruir a cidade virtual edificada pelo marketing *urbano e interesses globais*
Para romper com a representação ideológica e hegemônica da cidade construída pelos interesses da extração exagerada da renda imobiliária e da segregação distinguidora, é preciso construir a consciência da cidade real, com suas deficiências e injustiças. A eleição de indicadores pode constituir um antídoto contra os cenários da modernidade (ou pós-modernidade), que são restritos a algumas ilhas no oceano das carências; e também contra o *marketing* político que logra transformar o vício em virtude nas campanhas eleitorais televisivas.

A desconstrução das representações dominantes devem dar lugar a uma nova simbologia. Indicadores sociais como a condição habitacional, o acesso ao saneamento e ao transporte, a evolução das matrículas nas escolas, o número de leitos *per capita* nos hospitais, a mortalidade infantil, o número de homicídios, a longevidade etc., constituem parâmetros para avaliação de políticas públicas e gestões governamentais ao lado dos indefectíveis indicadores econômicos, cujo prestígio é evidenciado pelo quanto a mídia nacional e internacional dele se ocupa. A universidade tem aí importante papel a cumprir ao lançar luzes sobre a dimensão oculta e ilegal dos espaços urbanos a partir da leitura científica.

2) Criar um espaço de debate democrático: dar visibilidade aos conflitos

As sociedades periféricas têm tradição de ignorar, ou melhor, não reconhecer a existência dos conflitos sociais. No lugar do debate democrático pratica-se a criminalização, a repressão ou a desmoralização do interlocutor, quando o conflito envolve antagonismos de classe.

Não há a tradição do debate democrático, ao contrário, há uma tradição da versão única e dominante sobre a realidade. As versões "do pensamento único", conceito criado pelo jornal francês "*Le monde Diplomatique*", a propósito do consenso forçado, construído e disseminado pelos neoliberais, não é novidade nos PCPs.

Construir um espaço de participação social que dê voz aos que nunca a tiveram, que faça emergir os diferentes interesses sociais (para que a elite tome contato com algo que nunca admitiu: o contraponto) é uma tarefa difícil, mas altamente transformadora.

Há um consenso mundial sobre as virtudes da participação nas gestões públicas e nos planos urbanos. Agências internacionais como a ONU, a Habitat, e mesmo o Banco Mundial, o BID, a Usaid, a OCDE, todos são unânimes em defender a participação social nos destinos de uma comunidade. Muito papel foi gasto para discorrer sobre o "planejamento participativo". Diante da frágil condição de cidadania e participação que persiste nos PCPs, constata-se que é preciso ir além dos discursos que não incorporam as contradições, as controvérsias e os conflitos.

3) Reforma administrativa
Como já vimos, as estruturas administrativas urbanas são, na grande maioria dos casos, arcaicas. Elas estão viciadas em procedimentos tradicionais baseados no privilégio e na troca de favores, que dividem o espaço com os *lobbies* perenes das empreiteiras, empresários de transporte, produtores de medicamentos, fornecedores de todos os insumos etc.

Diante do intenso crescimento urbano, as máquinas administrativas foram se adequando, mas nunca se estruturaram ou se modernizaram para enfrentar problemas decorrentes desse crescimento. Muitas metrópoles brasileiras, como é o caso de São Paulo, uma das maiores do mundo, carece de uma estrutura administrativa metropolitana. Convive com sistemas paroquiais que são completamente despreparados para a dimensão dos desastres decorrentes das deficiências de drenagem, esgotos, poluição do ar, congestionamento no trânsito, controle do uso e da ocupação do solo etc. Em geral, essa máquina pública administra e mantém, com padrões satisfatórios, *apenas uma parte das cidades.*

Levar a presença do Estado aos bairros ilegais implica uma reforma do arcabouço institucional, incluindo a redefinição de atribuições operacionais na tentativa de romper com a distância entre os gabinetes e a realidade.

A fragmentação da ação administrativa entre secretarias, departamentos, empresas e autarquias é muito funcional para os interesses arcaicos. Contra a abordagem integrada dos problemas econômicos, sociais, ambientais e urbanísticos, está a tradição de distribuir cada setor da máquina administrativa a diferentes partidos ou personagens importantes no arco das forças que elegeram o prefeito.

O planejamento urbano comprometido com a inclusão social exige abordagem integrada. A urbanização de favelas pode resolver problemas de saneamento ambiental, atribuir endereço legal a cada domicílio, melhorar as condições de moradia e de segurança urbana, mas não melhora o nível de escolaridade ou de alfabetização, não organiza as mulheres para melhorar o padrão de vida, nem ajuda na organização de cooperativas de trabalho, ou no lazer dos jovens. "A exclusão é um todo" – econômica, cultural, educacional, social, jurídica, ambiental, racial – e não pode ser combatida de forma fragmentada (Fondation pour Le Progrès de l'Homme, 1993).

Finalmente, a modernização e a divulgação de cadastros, mapeamentos e informações sobre cidade também constituem instrumentos fundamentais para uma apreensão mais rigorosa e administração mais eficiente.

4) Capacitação de agentes para o planejamento da ação
Assim como a disseminação do Consenso de Washington utilizou uma intensa campanha de capacitação de quadros técnicos e políticos, o planejamento democrático deve, em oposição, buscar a formação de um conjunto de ativistas entre os funcionários públicos, profissionais, políticos, empresários e lideranças sociais. O compromisso com a ação transformadora implica eliminar a distância entre planejamento e gestão, com a finalidade de tirar

os planos das gavetas ou da instância de meros discursos. Em especial, é importante incluir a orientação e o controle dos investimentos no processo de planejamento. A cultura discursiva ou juridicista, como já foi notado, encobre uma prática que pode até mesmo contrariar os planos. Frequentemente os investimentos públicos induzem o crescimento urbano para regiões e bairros considerados desaconselhados pelos Planos Diretores. Temos planos sem obras e obras sem planos, configurando uma situação anárquica e subversiva para o crescimento sustentável.

A tensão entre planos e os investimentos que os contrariam somente pode ser resolvida no campo da prática política, seja ela social, partidária, profissional ou acadêmica.

5) Reforma fundiária
Finalmente, nunca é demais repetir o que é muito óbvio, mas pouco considerado na sociedade global: que a ausência de controle público sobre a propriedade da terra contribui para a carência habitacional, segregação territorial, aumento do custo da infraestrutura e serviços, aumento da violência, predação ambiental, além de impor maior sacrifício à população pobre excluída da cidade. A "desordem" dos mercados fundiário e imobiliário (que evidentemente pressupõe uma outra "ordem") impõe custos à administração pública e amplia as desigualdades.

Segundo Fernanda Furtado, o peso da arrecadação de IPTU nas cidades latino-americanas é deprimido, em comparação com as cidades americanas e europeias. Há uma rejeição em relação à tributação imobiliária, que é vista como um direito do proprietário e não como um ganho que lhe é alheio, como poderíamos considerar na percepção de Henri George (George, 1992). E essa é a posição de ricos e pobres, segundo a autora (Furtado, 1999).

No Brasil, um novo arcabouço legal foi promulgado a partir da Constituição Federal de 1988 tendo como inovações centrais o direito à moradia e a regulamentação da função social da propriedade e da função social da cidade, por meio do Estatuto da Cidade. Podemos dizer que houve um avanço legal e, com o Ministério das Cidades, houve também um avanço institucional. O direito à cidade, entretanto, será dado menos por instituições formais, normas legais de política urbana ou de planejamento urbano, e mais pelas lutas sociais.

Referências bibliográficas

ARANTES, O. "Uma estratégia fatal: a cultura nas novas gestões urbanas", *in:* ARANTES, O.; MARICATO, E. e VAINER, C. *A Cidade do pensamento único: desmanchando consensos.* Petrópolis: Ed. Vozes, 2000.
ARRIGHI, G. *Workers of the world at the century end.* Seattle: Center for Labor Studies Occasional Paper Series, University of Washington, n. 3, oct. 1995.
BALL, M.; HARLOE, M. and MARTENS, M. *Housing and social change in Europe and USA.* London: Rutledge, 1988.
BERMAN, Marshall. *All that is solid melts into the air: the experience of modernity.* New York: Penguin Books, 1982.
BIONDI, A. *O Brasil privatizado.* São Paulo: Fundação Perseu Abramo, 1999.
CANCLINI, N.G. La modernidad después de la posmodernidad. *In:* BELUZZO, A. M. de M. *Modernidade: vanguardas artísticas na América Latina.* São Paulo: UNESP, 1990.
CASTRO M. C. P. e SILVA, H. M. B. *Legislação e mercado residencial em São Paulo.* São Paulo: LabHab/FAUUSP, 1997.
CHANG, Ha-Joon. *Kicking away the ladder: development strategy in historical perspective.* London: Anthem Press, 2002.
DAVIS, Mike. *Planet of slums.* New York: WW Norton, 2006.
DEBORD, G. *La société du spectacle.* Paris: Gallimard, 1992.
FAORO, R. *Os donos do poder.* Rio de Janeiro: Globo, 1989.
FERNANDES, F. *Capitalismo dependente e classes sociais na América Latina.* Rio de Janeiro: Zahar, 1975.
FIORI, J. L. *Em busca do dissenso perdido.* São Paulo: Insight, 1995.
FURTADO, Celso. *Formação Econômica do Brasil.* São Paulo: Cia. Editora Nacional, 1995.

FURTADO, Fernanda. *Recuperação de mais-valias fundiárias urbanas na América latina: debilidade na implementação, ambiguidades na interpretação*. São Paulo: FAUUSP, 1999. (Tese de Doutorado)

GEORGE, H. *Progress and poverty*. New York: Robert Schalkenbach Foundation, 1992.

GRAMSCI, A. *Americanismo e Fordismo*. Milano, Universale Economica, 1949.

HARRISON, P.; HUCHZERMEYER, M. e MAYEKISO, M. *Confronting fragmentation: housing and urban development in a democratizing society*. Cape Town: University of Cape Towns Press, 2003.

HARVEY, David. *The new imperialism*. New York: Oxford University Press, 2003.

HOBSBAWM, E. *Age of extremes. The short twentieth century*. London: Pantheon Books, 1994.

JACOBS, J. *The death and life of great American cities*. New York: Random House, 1961.

LOGAN, John. *Urban fortunes: the political economy of places*. Berkeley: University of California Press, 1986.

MABIN, A. "On the problems and prospects of overcoming segregation and fragmentation in South African cities in the postmodern era", *in:* WATSON, S. e GIBSON, K. *Postmodern cities and Spaces*. Oxford: Blackwell, 1995.

MARCUSE, P. "The enclave, the citadel and the ghetto: what has changed in the post fordist U.S. city". *Urban Affairs Review*. SAGE Publications, vol. 33, n. 2, nov. 1997.

MARICATO, E. *Metrópole na periferia do capitalismo – desigualdade, ilegalidade e violência*. São Paulo: Hucitec, 1996.

MOLOTCH, Harvey. "The city as a growth machine". *American Journal of Sociology*. Chicago: University of Chicago Press, 1976.

OCAMPO, J. A.; MARTIN, J. (ed.). *Globalization and development: a Latin American and Caribbean perspective*. Palo Alto, CA: Stanford University, World Bank, 2003.

OLIVEIRA, F. "A Economia Brasileira: Crítica à Razão Dualista". *Estudos CEBRAP*, n. 2, Edições CEBRAP, 1972.

_____. *Crítica à razão dualista: o ornitorrinco*. São Paulo: Boitempo, 2003.

SCHWARZ, R. *Cultura e política*. São Paulo: Paz e Terra, 2009.

STIGLITZ, Joseph. *The globalization and its discontents*. New York: WW Norton, 2002.

UNAM/LILP. *Congreso Nacional de Suelo Urbano*. México, DF: UNAM/LILP/SEDESOL, nov. 23, 2005.

VAINER, C. "Pátria, empresa e mercadoria: notas sobre a estratégia discursiva do planejamento estratégico urbano", *in:* ARANTES, O.; MARICATO, E. e VAINER, C. *A Cidade do pensamento único: desmanchando consensos*. Petrópolis: Ed. Vozes, 2000.

VILLAÇA, Flávio. "Efeitos do espaço sobre o social na metrópole brasileira", *in:* SOUZA, Maria Adélia A. de *et al*. *Metrópole e globalização*. São Paulo: CEDESP, 1999.

WILLIAMSON, J. "What Washington Means by Policy Reform", *in:* ____. (ed.) *Latin American Adjustment: How Much Has Happened?* Washington: Institute for International Economics, 1990.

WILLIAMSON, J. "In search of a Manual of Technopols", *in:* ____. (ed.) *The Political Economy of Policy Reform*. Washington DC: Institute for International Economics, 1994.

Documentos

ECLAC – ECONOMIC COMMISSION FOR LATIN AMERICA AND THE CARIBBEAN.*The millennium development goals: a Latin America and Caribbean Perspective*. Santiago: ECLAC, 2004.

FONDATION POUR LE PROGRÈS DE L'HOMME. *Charte européenne pour le droit à habiter et la lute contre l'exclusion*. Paris: FPPH, 1993.

GLOBAL URBAN OBSERVATORY.*Slums of the world: the face of urban poverty in the new millennium?* New York: UN-HABITAT, 2003.

UN-HABITAT. *The challenge of slums.Global Report on Human Settlements*. US: Earth scan Publications, 2003.

ETC GROUP. Disponível em: <http://www.etcgroup.org>. Acesso em: 01 mar. 2015.

WORLD HEALTH ORGANIZATION. Disponível em: <http://www.who.int>. Acesso em 01 mar. 2015.

Polícia reprime manifestação em Brasília

MOVIMENTOS E QUESTÃO URBANA NO BRASIL*

Ermínia Maricato, formada em arquitetura e urbanismo, é considerada umas das principais pensadoras sobre as cidades brasileiras. A professora da Universidade de São Paulo, que em sua trajetória foi secretária executiva do Ministério das Cidades, entre outros cargos, em entrevista à Alai, abordou diversos aspectos da crise urbana, apontando algumas pistas para sua superação. Eis o que ela nos disse:

Em junho de 2013, o Brasil foi cenário de mobilizações massivas impulsionadas principalmente pela juventude, que colocou na mesa temas relacionados à "crise urbana" das grandes cidades. O que aconteceu desde então?

Há muito tempo vinha me perguntando: por que a luta pela Reforma Urbana foi relegada ao esquecimento? Parece que havia desaparecido tudo o que tínhamos feito por três décadas com as prefeituras democrático-populares, forma como denominamos

---

* Entrevista concedida a Osvaldo León da *Revista América Latina en movimiento*, publicada no v. 38, 2014, p. 19-23.

no Brasil os governos locais que começaram a fazer políticas inovadoras, participativas, democráticas nos anos 1980.

Quando Lula foi eleito, criamos o Ministério das Cidades, o Conselho Nacional das Cidades, a Conferência Nacional das Cidades e parecia que, finalmente, poderíamos passar de uma escala local a uma política urbana de abrangência nacional. Mas ocorreu o contrário, as cidades pioraram muito. Quando o governo federal começou a fazer investimentos em infraestrutura econômica e urbana, paradoxalmente, as cidades começaram a piorar.

Como você explica esse paradoxo?

Penso que nesse sentido é fundamental considerar o fato de que o Partido dos Trabalhadores (PT) e os partidos de esquerda, ao consolidarem a coalizão política que sustentou o governo, entregaram a questão das cidades, sobretudo, às forças da burguesia nacional atrasada que representam o setor imobiliário e o setor da construção civil; ou seja, as grandes empreiteiras de obras públicas. Este é um capital muito importante na história do país e está presente em toda América Latina e em todo o mundo.

Eles assumiram o comando das cidades, sobretudo a partir do grande programa de moradia lançado na segunda metade do segundo governo Lula. Foi um programa concebido com os empresários que sustentou a construção civil e os empregos. Hoje a taxa de desemprego é uma das mais baixas da história brasileira, mas as cidades estão pagando um preço muito alto por isso.

Junto aos capitais da construção civil e ao capital imobiliário, que certamente estão bastante associados, a indústria automobilística também foi privilegiada. O setor de construção civil conta com o fundo público para obras de infraestrutura, o setor imobiliário conta com fundos específicos e, pela primeira vez na história do país, com subsídios. A indústria automobilística teve desoneração dos impostos. Trata-se de um retorno ao desenvolvimentismo ou de um neodesenvolvimentismo promissor para alguns setores, mas não para as cidades, porque elas foram invadidas por automóveis de uma forma absolutamente incrível e assoladas pela especulação imobiliária.

Em 2011, escrevi um livro chamado *O impasse da política urbana no Brasil*. À época eu falava sozinha sobre o impasse da questão urbana no Brasil, daí me taxavam de pessimista, mas com os acontecimentos de junho de 2013, começaram a dizer que eu era profeta.

Por que incorporar a indústria automobilística entre os setores privilegiados?

Porque esta indústria é responsável por 18% do Produto Interno Bruto (PIB) brasileiro, se considerarmos não apenas a indústria produtora de metais e borracha, de automóveis e autopeças, mas também a produção e distribuição dos combustíveis e manutenção de veículos. E é possível entender o raciocínio dos economistas do governo de que, para enfrentar a crise de 2008, uma aposta na indústria automobilística deveria ser feita. Acontece que o transporte coletivo estava em ruínas desde as décadas dominadas pelo neoliberalismo. Foram 30 anos com baixo investimento no setor, que continuou sendo praticamente ignorado.

De fato, as prefeituras que considerávamos como "um modo petista de governar" recuaram. Todos os avanços dos orçamentos participativos, da urbanização de favelas, de olhar a cidade esquecida, de olhar a cidade que o mercado despreza –

que não é a dos cartões postais – foram postos à margem, pois o capital assumiu o comando do crescimento urbano a partir da retomada dos investimentos.

Temos que reconhecer que houve grande combate à pobreza nos governos Lula e Dilma. O Brasil era o terceiro país mais desigual do mundo e hoje é o décimo quinto. Algumas coisas melhoraram, a sociedade mudou. Mas as cidades ficaram fora da agenda política nacional e o Ministério das Cidades, de cuja criação participei em 2003, foi entregue ao partido mais conservador e corrupto, que representa os interesses da construção civil, o Partido Progressista (PP), de Paulo Maluf. Portanto, ao entregar as cidades a esses interesses, essa aliança as conduziu para o que chamei de *impasse*.

De modo que em 2013 se inicia um novo ciclo político, com a dificuldade de que o PT está sob um linchamento midiático. A elite brasileira está convencendo a maioria da população de que as coisas nunca foram tão ruins, tão corruptas, tão mal administradas e este é um problema sério. A direita ataca o tempo todo, em coro com os grandes meios de comunicação, e o PT não responde.

Por outro lado, os movimentos sociais que construíram a proposta de Reforma Urbana, tal como o PT, foram engolidos pela institucionalidade. Além disso, ali reina a forma de funcionar o aparato institucional no Brasil, que é um capitalismo de compadrio, patrimonialista, periférico, da política do favor, clientelista.

Apesar de termos conselhos para tudo: crianças e adolescentes, idosos, mulheres, assistência social, educação, saúde, moradia, conselhos nacionais, estaduais, municipais; apesar de haver uma febre participativa, o fato é que os movimentos que construíram esta proposta política perderam a capacidade ofensiva, e surgiram novos movimentos. Hoje há movimentos de moradia, por exemplo, que estão retomando a proposta da Reforma Urbana.

Em torno de quais eixos da proposta da Reforma Urbana se dá a articulação destes novos movimentos e como eles poderiam ser caracterizados?

A luta pela Reforma Urbana tem, em seu cerne, a questão imobiliária e da terra; a questão da segregação e da exclusão das pessoas do direito à cidade, que agora se ligam a uma nova geração de jovens. Isso era visível já antes de junho de 2013, pois havia uma mobilização entre os jovens organizados por moradia, por transporte, por vagas na universidade, por uma imprensa alternativa, por questões de racismo, de gênero... mas que não estavam nos partidos formais. Trata-se de algo novo, pois se organizam em redes horizontais, sem hierarquia, com uma divisão do trabalho muito democrática; por exemplo, para representar o movimento não há líderes específicos... isso é muito interessante; não sei aonde isso leva.

Uma explicação que tem sido dada sobre estes movimentos é a da crise da representação política. Sem dúvida, isso é verdade. Porque nota-se que as manifestações organizadas pelas centrais sindicais, por exemplo, não parecem tão vivas, originais como as manifestações destes jovens. E sem dúvida, a representação que construiu esta democratização do Brasil com a hegemonia do PT está em crise.

Outra explicação aponta que com o PT no governo federal se produziu uma melhoria das condições de vida que possibilitou o surgimento de uma classe média, e que essa classe média baixa quer mais. Outra explicação ainda é que a polícia, extremamente truculenta, provocou reações massivas entre os jovens. Para dar um exemplo prosaico, durante a Copa do Mundo a polícia paulista atacou, com bombas de gás lacrimogênio, torcedores argentinos que comemoravam com muito ruído a vitória do seu time, incomodando moradores durante a madrugada em bairros de São Paulo. Ela é muito truculenta.

Todas estas explicações são importantes. Mas a minha explicação é que há luta de classes na cidade. Ou se remunera os capitais – em três anos, o metro quadrado no Rio de Janeiro aumentou mais de 180%, assim como o aluguel, ao mesmo tempo que se expulsou a população – ou se investe na reprodução do trabalhador: saúde, educação, transporte, moradia, saneamento... nós temos epidemias de dengue nas cidades e, ao mesmo tempo investimos em túneis, estádios, pontes, viadutos para os carros. E já não há mais espaço para colocar estes carros.

Então eu me pergunto porque as forças de esquerda não enxergam que há luta de classes na cidade. O problema não se resolve com a distribuição de renda ou do salário. Porque mais salário não compra o transporte coletivo; não compra uma boa localização na cidade, porque isso fica mais caro. Aumento salarial é absorvido pelo custo da cidade e isso só se resolve com políticas públicas. Reconheço que houve distribuição de renda para comprar carros, motos, eletrodomésticos, uma televisão melhor... não condeno isso, pois uma máquina de lavar roupa, uma geladeira é importante... mas ninguém vive só dentro de casa: vive na cidade.

Neste contexto, qual sua opinião sobre a aprovação do Plano Diretor Estratégico em São Paulo em fins de junho de 2014, que foi apresentado como um avanço na habitação e na mobilidade?

Trabalho com urbanismo há 40 anos, mas agora sou muito crítica aos planos diretores. Não há um plano diretor no Brasil que não diga que o transporte coletivo é prioridade. Não há nenhum. Não há um plano diretor no Brasil que não institua a função social da propriedade, a função social da cidade. O direito à moradia é absoluto em nossa Constituição. O direito à propriedade privada não é absoluto. Mas como as leis são aplicadas? Como se o direito à propriedade privada fosse absoluto e o direito à moradia fosse relativo.

Agora, o plano diretor aprovado em São Paulo é muito bom. Houve uma mobilização interessante na Câmara Municipal (ela ficou cercada durante 3 dias pelos movimentos urbanos), que a Associação Paulista de Empreiteiros de Obras Públicas (Apeop) condenou e pediu publicamente a repressão policial, dizendo que a Câmara estava cerceada em seus direitos. Não é de se estranhar essa atitude pouco democrática, porque são eles que financiam as campanhas eleitorais. Seus *lobbies* não precisam cercar a Câmara para serem ouvidos. E isso é um problema sério no Brasil. Eles têm acesso aos vereadores, os movimentos populares não estão ali o tempo todo. O plano diretor é bom, mas pode perfeitamente ser aplicado pelo avesso; como foi o plano de 2002, que era muito bom: priorizava o transporte coletivo, a função social da propriedade, a contenção do espraiamento urbano etc., mas não serviu para nada.

Em que medida essa influência das empreiteiras pode ser confrontada com a exigência de transparência nos orçamentos e a decorrente abertura ao voto cidadão?

Vou tomar como exemplo o caso de São Paulo, onde fui Secretária da Habitação e do Desenvolvimento Urbano no primeiro governo do PT, com Luiza Erundina. Não é incomum que o orçamento seja definido na madrugada de 31 de dezembro... Quem está junto dos vereadores nas câmaras municipais? Os representantes dos *lobbies*, porque o povo está comemorando o Ano Novo. Eles são muito, muito poderosos e fortes.

Durante muito tempo falei de analfabetismo urbanístico, que significa desconhecer quem manda na cidade e para onde vão os recursos dos fundos públicos. Se fizermos um mapa das cidades, é possível ver onde estão os pobres, onde estão todos os investimentos, qual a frequência com que as ruas são limpas, qual a frequência com que se plantam novas árvores ou se podam as antigas, qual a frequência com que trocam as lâmpadas queimadas... Isso é muito interessante porque há uma hierarquia. E o povo sabe disso? Não. Mas, não é só o povo... pergunte aos economistas se sabem o qual o papel da renda imobiliária para a vida na cidade e da economia, de um modo geral.

O desenvolvimento da cidade é contrário aos interesses da boa mobilidade coletiva e sustentabilidade. Quando você vai para Suíça, estou falando de um país capitalista, você vê que cada coisa está em seu lugar e não há um metro quadrado sem uso. Aqui não! Aqui o Estado controla parte da cidade. As leis são para uma parte da cidade. O mercado é para uma parte da cidade. O restante não tem direito às leis. Isso é uma cidade periférica.

Os megaeventos como a Copa do mundo e as Olimpíadas repercutirão em uma organização territorial, produtiva, econômica etc. no Brasil?

Critiquei muito os investimentos destinados à Copa, mas minha posição é de que as cidades brasileiras seguiam um rumo que os megaeventos aprofundaram, mas não o criaram. Os megaeventos repetem processos na China, Grécia, África do Sul e se repetirão na Rússia, pois se apresentam como um tsunami de capitais internacionais que estão esperando o local para atacar. É um assalto à nação, não é pouca coisa, com regras que chegam a minúcias, como a limitação da venda informal em um raio de um quilômetro dos estádios. É um negócio gigantesco que ganha com a venda de tudo o que se pode imaginar. Principalmente com o direito de imagem. Outra das facetas deste grande negócio é a questão urbana. Pode-se notar a arquitetura do "Ninho de Pássaro" na China que, como o estádio na Cidade do Cabo, na África do Sul, não se sabe o que fazer com ele depois... quando estive na China, estavam discutindo o que fazer com o elefante branco. Na Cidade do Cabo, chegaram a cogitar a demolição do estádio. No Brasil, construímos 12 elefantes brancos, 12! Em Manaus demoliu-se um estádio para 40 mil pessoas e construiu-se outro – por 400 milhões de reais – de 44 mil lugares. Em Natal – uma cidade que tem, como Manaus no Amazonas, graves problemas de saneamento – demoliram um estádio que raramente lotava, para construir outro ainda maior. É uma máquina. São capitais que chegam articulados sob regras da Fifa e os governos têm que terminar tudo dentro do prazo.

Bom, a Copa no Brasil foi um grande êxito, salvo as ações violentas da polícia. Mostraram-se acertadas as intenções do governo federal de realizar obras de mobilidade em cada cidade--sede da copa, mas certas obras não são boas, nem são prioritárias para a mobilidade das massas. Além disso, considero que não são obras viárias, mas imobiliárias, pois estão relacionadas com o mercado.

Sobre a violência policial, quem é responsável pelas corporações?
As polícias (civil e militar) são de competência estadual, apesar de que para a Copa houve muito acordo e articulação entre as polícias, o que não é normal.

O Rio de Janeiro, precisamente, foi cenário do programa de "pacificação" de favelas no qual participam estruturas militares que dependem do governo federal e que foi denunciado como uma medida de militarização de tais zonas. Qual sua opinião sobre isso?
Em primeiro lugar, é necessário ver que há uma lógica territorial sobre aonde se "pacifica". As favelas localizadas na periferia não são "pacificadas". As favelas bem localizadas, do ponto de vista da valorização do preço do solo, são as "pacificadas", porque a estratégia é a de limpar a cidade. Mas, qual cidade? Trata-se, aqui, de dar a uma parte da cidade esta característica global, de valores, de distinção... tudo isso está muito ligado ao urbanismo do espetáculo, à valorização imobiliária, ao negócio da cidade. O grande negócio. Agora há muitas operações urbanas de aliança público-privada. Então, em alguns lugares se investem recursos públicos e privados. E a população pobre tem que sair. Por que tem que sair? Porque ela desvaloriza, o pobre pesa negativamente sobre o preço e impacta a taxa de lucro. O *mix* da renda é a melhor coisa para conter esse *boom* imobiliário, mas a cidade está aprofundando a segregação.

Os pobres estão indo para novas periferias, porque o capital imobiliário disputa as terras da primeira periferia. Há evidências de que estrangeiros estão comprando casas em favelas com uma boa vista, próximas às praias, bem localizadas. Boa localização é um conceito muito importante. A localização tem preço. O crime organizado ou a polícia comandam os condomínios de novas moradias na periferia. Ali nesses novos espaços não há "pacificação". Ao contrário, o crime avança. A lógica na cidade é a da valorização imobiliária.